點一盞燈

陳嘉薰 著

感謝上帝

在黯黑中

讓我腳前有燈

路上有光

點一盞燈
作者／陳嘉薰
策劃編輯／伍詠慈
封面設計／阿井@A Piece oF
內頁設計／陳詩韻
出版發行／突破出版社
香港沙田亞公角山路33號突破青年村
電話：2632 0000　傳真：2632 0388
電郵：breakthrough@breakthrough.org.hk
網址：http://www.breakthrough.org.hk
http://www.btproduct.com
承印／陽光（彩美）印刷有限公司
2024年2月初版1刷

Let There be Light
by Gavin Chan
First Printing, First Edition, February 2024

Printed in Hong Kong
ISBN 978-988-8562-96-1

本書經文取自《新標點和合本》，版權為香港聖經公會所有，承蒙允准採用，特此鳴謝。

誠邀閣下就突破出版社的書籍發表意見

歡迎加入突破書籍 Facebook page — http://www.facebook.com/btbooks.page

本書採用環保油墨印刷

生　命　禮　讚

關懷、連繫、復和、

溝通、對話……

凝視心之脈動，

直到重新尋獲自己的心。

目錄

下卷：我們的一課

序

香港之殤：沉澱過後，遺忘之先

疫情離我們而去。

疫情下的別離，到底發生什麼事？

2022 年初新型冠狀病毒在香港爆發，引致稱為第五波的疫情，疫情之大重挫醫療系統，一幕幕驚心動魄的畫面，經傳媒大肆報道，令人感傷。當感染數字回落，社交距離逐步放寬，和朋友的一些聚會上，常有人關切的問我這場浩劫的情況及我的感受。

在醫院工作，經常出入殮房，對這場災難，該感觸良深、別有滋味吧？但每逢憶起，許多往事像開樽的啤酒，氣泡「吱吱」的倏地氳氤冒起，在腦中匯聚成擠擁的泡沫，不受控的傾瀉而出，幕幕糾結的畫面千絲萬縷，不知如何說起。

我悵然呷下一口凍檸茶，有苦澀、有心酸、冷暖自知，只籠統的回應：「那段日子，真的很震撼，多年來我沒遇過這情況。」慨歎一聲，簡短的回覆令一雙雙好奇的眼神換上失落。

原來人經驗巨大衝擊後，會變得無法表露內心的感受，如辛棄疾嚐過愁滋味，就「欲説還休」。我驀然對喪親家屬多一份了悟，難怪他們在悲傷中，大都無法回答類似「你感覺怎樣？」的慰問，身邊人能做的，只有默默陪伴，讓他們知道，哀傷的路上並不孤單，有人願意去關心去聆聽去分擔。

適逢「沙士」廿週年，也有人叫我比較新冠第五波疫情和 2003 年的「沙士」，其實除了源頭同屬冠狀病毒外，我對兩場疫情的經歷和感受是截然不同的，畢竟兩波疫情相距了差不多二十年，個人經驗、醫療系統、市民防疫意識、病毒特性、社會氛圍等許多方面都殊異；但回望「沙士」和新冠疫情，有一點我是不變的——這都是香港的大時代，我想為它們説話，存留紀錄，記念亡者和喪親者。

2003 年「沙士」後，我的「失語期」持續了好幾年，每次打算為疫情寫點什麼時，抗疫路上許多悲壯的人和事，如繩結糾纏心緒，令我不寧，創作時綁手綁腳，無法海闊天空得心應手。也許因為迴避，當時又有其他的題材表達，我把「沙士」的故事「暫時」擱置，一擱竟是十年。直至一天，我認為可以了、準備提起筆寫的時候，卻發現當一切沉澱後，許多事情的細節竟被時間的沙石埋葬了，剩餘的支離破碎，像玻璃杯被年月的殞石撞擊後，碎片殘存腦中，再也無法拼湊延展成章，於是我再次墮進「無語」的虛空中。

「沙士」如煙逝去，我把某幾個零碎的片段，藉小說《相送》（突破出版社，2021），寫進殮房助理員馮偉業的經歷中，雖帶點遺憾，總算了結一個多年的心願。

2023 年初，香港的疫情已是強弩之末，新冠病毒疫情大流行逐漸離去，社會進入復常階段。截至 2023 年 1 月底，香港新冠呈報個案累計約 290 萬宗，病歿逾 13,000 人，總結了整個疫情。這些數字，難道就是疫情的全部？回想 2022 年的 3 月，香港每百萬人因疫情而死亡的人數，位居新冠病毒肆虐全球以來之首，這是一個令香港醫療體系尷尬的數據。龐大而悲涼的死亡人數，冷冰冰的數字背後，殮房經歷了什麼？死者和喪親者又有什麼獨特的經驗？我們學懂了什麼，去讓自己聰明一點，面對下一場疫情的挑戰？

* * *

疫情最嚴峻時，殮房員工日以繼夜的工作，處理枕藉的屍體。屍體由於未能及時存入屍格，發出腐敗的氣味，員工整天出入殮房，這股氣味就沾在身上、陷入肌膚黏在髮絲，甚至縈繞腦中；即使放工清潔後回家、即使遠離殮房好幾天，那腐敗的氣味，仍會在毫無預兆下突襲嗅覺中樞，令他們再次「身歷其境」，被嘔心的氣味捏住。第五波扣人心弦的景象，也如此烙在我大腦的皮質層中，成為我不可割裂的一部分，即使我不堪回首，以為把它好好埋葬了，但當我看見一幅畫、經過醫院某角落、遇見某幕情景，甚至嗅到某種氣味時，回憶仍會如幽靈般突如其來的刺激我。

我如何述說那段故事呢？我經驗過沙士的「失語期」，此時又陷進欲言又止的弔詭中。當我在意如何記錄這段歷史時，偶然遇上已故日本國寶級的極地攝影師星野道夫（1952-1996）。他一生在阿拉斯加，用相機捕捉在嚴酷環境下，生態的堅韌和脆弱。

有件事星野道夫拍不出來，卻用另一種方式呈現。他說，一天他在營幕中，身邊突然響起低沉的隆隆蹄聲，只見數以萬計的北美馴鹿浩浩蕩蕩遷徙，由白皚皚的地平線彼端蜂湧直奔向他，在一望無際的廣闊北極圈中，只有他一人見證這景象，一下子自己就被淹沒在龐大的馴鹿羣裏。他內心洶湧澎湃，被眼前的情景深深震懾，本想拍攝，但由於身處的環境無法用鏡頭盡覽鹿羣，於是索性放下相機，用耳去聆聽鹿羣的蹄聲，用心去感受驚心動魄的奔馳，用身體去捕捉地動山搖的撼動。鹿羣重重包圍住他，他真正感受到與大地結連，用耳用眼切實地銘記一切，直到心存敬畏的目送最後一隻馴鹿消失在另一端、不見盡頭的冰原上。

放棄拍攝，換用語言説話，星野道夫就這樣把經驗記下，隔空敲我的頭一下，提醒我如果疫情太震撼，如果我存有限制、或拙於言辭記錄疫情，何不轉用另一種方式述説歷史？這對我、對讀者該是另一番領會吧？

現在，新冠疫情的「全球緊急狀態」如馴鹿般消逝在地平線上。我回望歷史心有餘悸。在遺忘以先，不如先抽離，拋開固有的角度，嘗試閉上眼睛，邀請其他經歷浴火的代勞發言，從他們的視點，聽他們娓娓道出故事，以不同角度為這時代留下雪泥鴻爪。

特別感謝在疫情中為死者為喪親者並肩努力的戰友——殮房主任潘俊傑先生、「毋忘愛」主席范寧醫生、遺體防腐師伍桂麟先生、及安寧服務社工梁梓敦先生，他們在不同崗位上，不辭勞苦的應對災情，為死者和喪親者的尊嚴竭盡力量，亦提供喪親支援讓生死兩安，是疫情中盞盞燈火。他們情理兼備的心聲，為香港那年發生的事，補上珍貴的板塊，更全面的記錄歷史。

原來，仍有不少人，在黑夜中如星光般謙卑的閃爍，默默為死者為生者燃點。儘管我們的心會痛，儘管我們的力量在殘酷的洪流下顯得微弱，但我們並非孤身作戰，我們曾一起奮鬥，也為這時代做了點事。

疫情中，殮房在森嚴防疫措施下靜悄悄的，來的人也要保持社交距離，哭聲很少，哀慟的情緒顯得壓抑，與以往的殮房很不一樣，彷彿嚴峻的世紀防控下，人還談什麼憂傷？喪親者甚至連悲訴的資格也沒有。內地網友鄧斌有一首《我們沒有耶路撒冷》的詩，道出生者需要宣泄的哀怨：

我們沒有耶路撒冷
但應該築一座牆
牆頭掛長明燈
牆腳插滿白菊花

我們沒有耶路撒冷
但應該有一座牆
白天讓活着的人哭
晚上讓死去的人哭

2020 至 2023 年新冠病毒嚴峻的疫情，終於遠去，我們不會忘記疫情帶來的教訓和啟示。懷念逝者之時，謹此祝願死者安息，生者及早走出哀傷。

上卷

幽　暗　與　微　光

禍端

末代皇帝

一

我是皇者，也是末代皇帝。

我為此驕傲。

人問，你的王國快將告終，豈不敗家？國殁，你這敗家仔，有什麼值得驕傲？哈哈，套用香港前特首董伯伯一句：「咁膚淺嘅」。

人又說，你笑得真陰險，叫人毛骨悚然。呵呵，誰笑到最後，誰笑得最美，我的笑聲，就是最後和最美的。

這樣自詡或許大逆不道，一將功成萬骨枯，成王敗寇，我的寶座，不是由我大哥們的屍骸搭建成的嗎？我吃的不正是人血饅頭嗎？我站得高看得遠得到皇者之勳，除了因為由許多的塗炭生靈建構外，更因為——唔，讓我清清喉嚨，因為牛頓的一句話，「那是因為我站在巨人的肩膀上」。

啊，為什麼要引用牛頓呢？真可笑，他算什麼？在他出世之先，我祖先或已存在，論年齡輩分，怎和我相較？他只是我祖先的晚晚晚輩罷了。牛頓當年患的感冒，發燒發冷咳嗽流鼻水，臥在牀上，說不定已成了我祖宗的手下敗將呢！

至於我踩在什麼巨人上面？怎樣東征西討做了皇帝？說來話長，等一下才談。話到這裏，大家大概心中有數我是誰了。對，我呈球狀，表面凹凸不平，棒狀突起的「刺突蛋白」橫生，有人感得像長滿疙瘩暗瘡的面容，我倒覺得更像插滿大頭釘的針球。

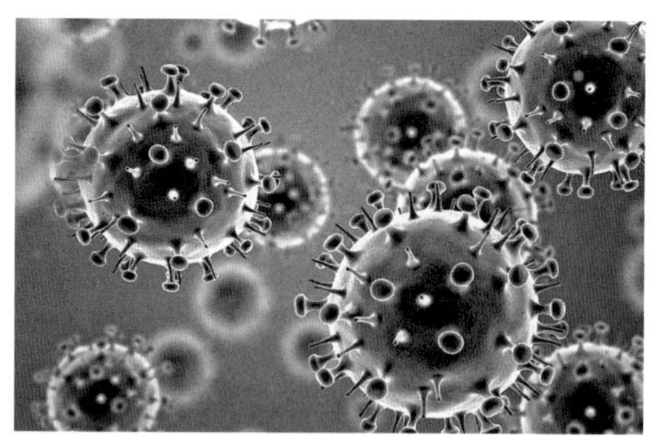

（圖片來源：https://www.who.int/health-topics/coronavirus#tab=tab_1）

這怪形怪相，註定一出場就令人印象深刻，這叫「先聲奪人，橫空而出」。樣子或許真有點醜，但人類很幽默，硬説我像冠冕，美其名為「冠狀病毒」。對於這頂堂皇的帽子，我與有榮焉，當然樂於戴上，黃袍加身了。

雖然冠狀病毒由來已久，一直存在於空氣中，人類沒有出現之前我或許已經存在，誰知道呢？但人類是大笨蛋，要到廿世紀初才在動物身上首次發現我。我家族不小，最常見是引起普通感冒，健康的人感染三兩天便沒事了。但請別輕敵，小覷我的百變形象，近年的「沙士」（SARS）和「中東呼吸綜合症」（MERS）等嚴重疾病，都是我前輩，與我淵源甚深。

我蟄伏在不同動物中，2019 年底，再次如孫悟空般搖身一變，以全新姿勢跨越物種感染人類，人類頓時不知所措，是為「新型」冠狀病毒。

於是我家族的皇朝駕臨了。

二

新冠病毒家族向全球人類宣告戰爭，開展一場人體免疫力和病毒的攻防大戰。這其實有什麼稀奇呢？與病毒的戰疫，如人類歷史一樣久遠，重複發生，將來亦不會止息。令我訝異的是，戰場本應在人體內，但對疫苗、對我的來源、和對收緊或放寬社交距離措施等的爭議聲音，卻延伸到國與國和人與人之間，引起混亂造成恐慌釀成爭拗，這是我始料未及的。

人類，也未免太複雜了吧？

人的紛擾我家族不管，既然上天賜我們變異的基因，就要盡情肆虐，我們一傳十、十傳百，極速散播，人類聞風喪膽，方寸大亂，經濟、社交活動幾近停擺，國際的往來和航空業冰封，城市圍封死寂一片——人類都害怕了，俯首稱臣。

新冠病毒以君臨天下之勢，不足兩年就造成數以億人感染、幾百萬人死亡，都是拜我的大哥們——Alpha, Beta, Gamma, Delta——造成，出手確實毫不留情，但可惜有勇無謀，像野蠻族沒有進化，怎成氣候？

於是當各大哥在全球不同地方羣雄割據、殺個你死我活的時候，我從傳承的基因中，再施展悟空變身，基因翻了幾翻後，決定自立門戶，向大哥們「挑機」。

對，我正是許多人聞虎色變、不敢直呼其名宣之於口的——O-mi-，不用說下去了吧？

老實說，我並不喜歡 Omicron 這名字，難寫，讀音又彆扭，改得不倫不類，但我認為稱呼並不重要——像我的家族成員 Alpha, Beta, Gamma, Delta，不過是微生物學者和衞生專家故弄玄虛，順着希臘字母排序強加賦予的，如此見識，既沒誠意也毫不專業！

我的名字冗長，不記也罷，我的本質才是重點。

我有什麼特色？只有一句：皇者之風。怎麼，你又暗笑了，呸，算什麼「英雄」？你罵，哼，食碗面反碗底，不就是時勢造就了你？

呵呵，你在討論到底是「英雄造時勢，還是時勢造英雄」？咁膚淺嘅！時勢與英雄，根本互相造就。在這時勢，沒有獨步天下的能力，我能獨領風騷嗎？

我忘恩負義嗎？呵呵，無毒不丈夫，為了一統天下，舉兵叛變又有什麼大驚小怪？誰叫我的大哥們不思進取，打來打去仍四分五裂，無法統領全球？

就這樣我以雷霆萬鈞銳不可當之勢，無懼國界感染全球人類，完成不可能的霸業，成就最美麗的笑聲。呵呵！

三

我並不是浪得虛名。兵不厭詐，孫悟空七十二變，我變異豈止七十二？如中國川劇的「變臉」藝術，我同樣可以在短時間內變出不同面譜，掩飾方法多且快，就此迷惑免疫系統，令它摸不清我的底牌，疲於奔命無所適從。正所謂狡兔有三窟，我在抗體間左閃右避，漠視大哥們遺下的「免疫屏障」，有賴這「免疫逃逸」本領，我所向披靡，無人能阻擋我的進攻，把曾是大哥的手下敗將盡歸麾下 —— 很多人因我而一而再、再而三的感染新冠病毒。

但更重要的，是我的速度。「天下武功，唯快不破！」跑得快好世界，人類要追蹤我嗎？想隔離我嗎？我跑得比檢測快，你們能奈我怎樣？因我知道，要快的話，我的載體就不能是飛沫，必須不單單依靠水分，還要乘空氣而去，才能無遠弗屆 —— 靠着空氣，我可以輕飄飄的竄進口罩和臉頰的罅隙間，潛進人的鼻腔裏，找我的溫牀，就可以極速感染人了。

所以，我突破大哥們的限制，是秒傳他人的侵略者，藉空氣一下子擴散全球，才是真正的強者！ 2021 年下半年，當疫情發生了快兩年，當科學家信心滿滿的研製出疫苗，以為可以無堅不破，甚至相信疫情已到強弩之末的時候，我的出現，正是給全球人類一個下馬威。

科學家開始慌張，發現打了疫苗也不可以預防我的入侵，不得不尷尬的宣稱，為有效保護健康，疫苗不是當初估計的兩針，而是三針，還說打三針不能防止感染，而是預防重症！全世界趕緊為人接種又接種疫苗。但這又如何呢？自 2021 年 11 月在南非被發現後，我東征西討席捲全球，看你們接種疫苗快，還是我潛行的腿快？

才一年，我一舉令世界的感染數字翻了近 20 倍，添加超過百萬亡魂。我一將功成，由大哥而出，踩着他們的遺骸扶搖直上，來到寶座前，居高臨下，世界終於到手，這就是「踩在巨人的肩膀上」吧？

回想，長江後浪推前浪，各大哥一般出現幾個月，就被後浪淹去了。我呢？憑百變形象潛行絕殺，由 BA. 1 到 BA. 2, BA. 3，直至 BA. 4 和 BA. 5，和最新的 XBB 和 JN.1，這千面病毒在寶座上一坐就超過兩年，比任何家族成員都長，還有繼續坐下去的勢頭呢。我造了時勢，豈不是王者的風範？

篡位時，四哥 Delta 倔強的譏諷我，説我不配做皇帝，不如它強悍，充其量只像過街老鼠，鬼祟的偷襲，處事不乾不脆。呸，死到臨頭還口出狂言，這番話顯得四哥天真又無知，難怪要成為手下敗將了。四哥鋒芒太露，一味明攻強搶，以為殺殺殺就行，卻不懂變通不靈巧不敏捷，病人染病後病徵明顯，樹大招風自然容易被檢測被隔離被追蹤，四哥怎能傳得遠活得久呢？而我，套用潮語，就是進化到一個點，令人無症狀感染，當發現病徵時我早已潛行散播遠去，長驅直進，人類嶄新的檢測和追蹤科技，奈我如何？雕蟲小技罷了，哈哈！

至於我的殺傷力，真的比四哥低？要知道我手刃的病人數目，並不比大哥們任何一個少啊！請記住，我誕生的時間，是在後疫苗和後 Delta 時期，這時數以億計的人民已被大哥感染洗禮，又接種了疫苗，體內對付新冠病毒的抗體分量，遠比大哥誕生時高，我對着千軍萬馬武功高強的抗體，要攻陷人體自然困難得多。哼，今時不同往日，情勢相異，誰比誰強悍不可簡單的比較。在香港的第五波疫情，君不見在未打針未感染的人身上，我的破壞威力多厲害？

四

坐在寶座上，佇望遍地生靈塗炭，我被千夫所指，甚至咒罵我賴着不走幹啥？全球頂尖科學家，於是向我宣戰，扭盡六壬的研究不同疫苗，誓要置我於死地。仇恨那麼深，到底冤冤相報何時了？

我該如何反擊？喂喂，請等等，暫且放下屠刀，請各科學家高抬貴手想想，我到底是幫了還是害了人類？我百步穿楊，造成幾十億人感染，痊癒後體內產生的抗體，對新冠病毒會有更好的保護。你看，人類在一波又一波的洗禮後，病情愈見輕微，不少國家因為羣體免疫，開始放寬社交距離，人與人、國與國再次開通，經濟活動逐步回暖，這點我都有功勞的。

我，是好？是壞？隨你評價。

現在全球數以十億計的人曾注射疫苗，科學家也研發出針對我的疫苗和特效針藥，看來他們始終存有戒心，與我不共戴天，我這皇位開始有點岌岌可危了。我的朝代會捱多久呢？日後會出現後浪 Pi 和 Rho，把我一舉殲滅嗎？我也答不上，但經我統治兩年多後，人類的免疫力已大為增強，甚至有「混合」自然和疫苗的免疫力，要篡位該愈加困難了。

現在，做了超過兩年皇帝，面對風風雨雨，和抗體打仗打得我也有點膩了，無時無刻的和人類「有你冇我」的激烈抗爭，更令我疲累！我驀然醒悟，彼此消磨互相廝殺並不是什麼皇道，雙生同存才是共贏之策，是真正的皇者風範。

所以，也許不必等後浪來臨，我也該全身而退，化成落索風土，溫婉地存在於人類中，間或如幽靈般出來嚇唬一下，叫人乍然驚覺健康的重要，感恩仍可以與親友相聚，珍惜生命，活好每一天，我就可以遠離爭拗，與人類長存共榮。

嗯，這不也是我祖先長生不死的存活之道嗎？我終於有這悟性了！當我化為普通流感時，便可以輕飄飄的到處逛走，沒人再敵視我，逍遙自在。想起也令我這末代皇帝開懷，呵呵！

其實，生活，只要快樂，皇位於我何益？這寶座，總有失落的一天，就隨時準備讓給下一波的新病毒吧！那會在幾時呢？人類，好自為之吧！哈哈！

泣別

最後

一

我來到牀邊，婆婆奄奄一息。

她的時間到了，靈魂卻不捨離開。

等了一會，見靈魂沒有反應，我提醒：「我是來接你的。」

「請等一下，我還沒準備好。」

「人總有一死。不是早料到有今天嗎？」

「我要等老頭子來，我們還沒有見最後一面，說最後的話。」

我啼笑皆非，挑戰她：「等最後一面？人人都要死，這道理你不早知道早作好準備？」

「請你通融一下。我求你。」

「對不起，時間在上帝那裏，並不是我能控制的。時間到了，你就得跟我走。要走的，終歸要走，沒有誰可以左右。」

這句話觸怒了靈魂，它氣沖沖的走近，向我揮拳，卻擊向空氣——我們都無形無體。

「哼，我不會被擊倒，我是長勝的。你始終要跟我離開。」

「那麼請讓我送主人到殮房，之後我跟你走。」

「那又有什麼意思呢？婆婆已經死了。人說，把亡者留在心中，即使離開了，就仍然活着，像沒有死去一樣，那叫雖死猶生。」

「雖死猶生，」靈魂望向婆婆有感而發，語氣傷感，「但疫情下，重症的病人卻『雖生猶死』。」

我望向靈魂，眼角一揚，想她說下去。反正離下一趟任務還有時間，我和靈魂佇足病房角落，等待仵工送婆婆去殮房。

二

新冠疫情下，誰是大贏家？

我相信我認第二，該沒有誰斗膽稱雄。

我是死神。

我並不如想像中威武，只是在死亡的路上和其他同伴各司其職，打份工罷了。這三年多，全球死亡人數急增，為防靈魂走迷，我和同伴空巢而出，在世界各地送亡魂到「死後案內所」，等候審核後轉去彩虹橋，所以我的工作真有點像押送犯人的護衛。疫情爆發以來，我忙得不可開交，除了因為感染新冠後死亡的個案外，更多的死亡來自非新冠感染者。這話是什麼意思？要知道疫情下超出尋常的死亡人數，稱為「超額死亡」，疫情以來全球近 700 萬人感染新冠病毒死亡，但真正在疫情下多出的死亡人數，遠超這數字，估計「超額死亡」的數目為 2,380 萬，是新冠病毒致命人數的三倍多！也是說，每一個因新冠病毒死亡的病人，就有另外兩個以上的人「陪葬」。

這就是我和同事工作量倍增、密密加班的原因。我和全球的同伴一直發牢騷，為什麼會出現如此大量的「超額死亡」？是因為封城交通阻隔，令心臟病中風長期病患和癌症病人延醫救治？醫療系統崩坍無暇照料病者？病人疏於覆診、避忌入院致病入膏肓？還是因經濟、社交或其他問題，引致焦慮、抑鬱或情緒失衡而自殺？這些都要留待專家慢慢分析。

總之，駐守香港的我，2022 年的工作量同樣大增，像現在面前的婆婆，就是沒感染新冠病毒的「超額死亡」病人。

疫情下，無論有沒有感染新冠病毒，一旦病了都要面對死亡的風險。人説生不逢時，其實死也要合時。

婆婆躺在牀上，不知會否感慨，死在一個不應該的時代？

一秒鐘前，她還是個活人，當靈魂出竅時，她便失去「人」的身分了。

「她停止呼吸，心跳停頓，終於死了。」我對靈魂説。婆婆躺在病牀上，無法活動，喪失所有能力——活動、呼吸、説話，甚至連血液流動和器官運作也停止了……從此任由擺佈，像一件沉甸甸的貨物，等待仵工來處置。

靈魂端詳婆婆，感觸的說：「婆婆活人的身分，在個多星期前已被奪去。在入院那刻，她已是一個活死人。」

這就是它說的「雖生猶死」嗎？原來婆婆「人的身分」，早已失去，而不是在死的一刻猝然消失。這對我來說，是新的領悟。

婆婆一生的光影在我們面前掠過。她七十八歲，已屆風燭殘年，自知老骨頭撐不了多久，對於這終點她早有準備。婆婆看得開，從不認為自己會長命百歲，這幾年常對朋友開玩笑說，早把「走佬包」掛在門上，隨時灑脱的出發離開，叫大家不必相送無需懷念，面前閃現她和朋友在卡拉 OK 相聚時，唱着最喜歡的《瀟灑走一回》：「天地悠悠生死白頭，聚散總有時……何不瀟灑走一回」。

婆婆心臟衰竭，一旦感冒便容易氣喘，出入醫院好多次，每次都以為會死掉，有幾次我奉命到場接她的靈魂，最終都沒有成功。出院後每個晚上，她都為活了一天感恩，像教會的人說，每一天都是主賜的。作為醫院常客，以前醫護人員經過，會主動走到牀邊看她，如果有一丁點時間還會寒暄兩句：「婆婆，你笑得見牙唔見眼，有什麼開心事？」「婆婆，你老公每天來探你，他咁錫你，你要努力打贏這場仗啊！」這些鼓勵的說話都是她痊癒的動力。其實，老伴八十歲了，以往入院後每天來病房照顧她，還為她抹身清潔，餵她飲食替她按摩，搓揉疼痛的背部和關節……

靈魂嘀咕：「主人有這個老伴，沒什麼遺憾了。」

可惜該死的疫情，叫一切顛倒。

三

靈魂戚然，在我身旁呢喃：「主人不該來醫院的。」

我清楚她的意思。婆婆失去健康，進醫院後同時失去自由和最愛的老伴，與朋友甚至整個世界隔絕——她被徹底的遺棄。當生命中某些最重要的東西被褫奪後，就只剩下軀殼，這比喪失生命更難受。

我開解她：「但我不會怪老頭子。不入醫院，相信也好不了多少。」

聽到我的話，靈魂憂鬱的眼神流露寬慰，像被我安撫了。

的確，重病不來醫院，唯有在家痛苦地等死，這又算是什麼選擇？婆婆和老頭子相依大半世紀，入院前一星期，她的心一直亂跳，腳發麻發痛腫得厲害，在家裏坐着也氣喘如牛，像被人緊捏住脖子，想休息嗎，一躺下卻氣促咳嗽，坐不是睡也不是，連上廁所也不能，弄髒了牀單，老頭子於是買來尿片為婆婆換上，着她大小便都在牀上。

那是婆婆自懂事以來頭一趟穿尿片，她羞愧得哭了。

由於氣促，整夜要用三個枕頭托在背後，坐着睡。這情況婆婆以前也經驗過，但從沒堅持那麼久也不去醫院 —— 她和老伴都知道，疫情下的醫院，是另一個比當下更可怕的地獄。他們甚至達成共識，疫情下一旦對方有任何重症，無論如何都不要入院。

兩天後，婆婆把剩餘的力氣，都用在吸氣上，拚命的吸，只希望空氣可以施捨多點氧氣，胸膛和頸脖的肌肉疲累不堪，人極度虛脱，彷彿潛入水中載浮載沉，氣管被堵塞，四周再也沒有氣體。那時我在婆婆家，目睹老頭子六神無主，慌張的喊説：「怎辦？怎辦？全身發紫了！你怎麼了？」那刻婆婆神志迷糊，眼前朦朧浮現離世的大家姐和父母……他們快要重聚了。

當婆婆陷入昏迷時，老伴情急之下，撥電 999 召救護車……

病房靜悄悄的，遠處傳來仵工走近的聲音，我説：「婆婆在家病情危殆，神志不清，我以為她不行了，當天下午準備接她，但為了老伴，她竟堅強的生存下去。」

靈魂點頭說：「她豁達，從不輕易放棄生命。所以住院的『活死人』經驗，更令她難受。」

我不知道，婆婆算不算是幸運的人？在急症室，醫生立刻為她吊起點滴，注射藥物和套上氧氣罩，她彷彿被拯溺員一手抽上水面，嗆了幾口空氣，繃緊的肺部和肌肉逐漸鬆綁……就這樣，婆婆的情況開始有點起色，勉強支撐了下去。

由於婆婆肺炎併發肺積水，醫護大為緊張，一度懷疑她感染新冠病毒，把她留在懷疑個案的病人羣中，等待鼻咽拭子的核酸結果。醫院急症室擠滿了垂危的病人，都在等，無助的等——等報告、等醫治、等人餵食、等清潔換尿布、等上病房和等——死。

婆婆開始恢復意識，環顧四周舉目無親，到處密麻麻的都是病重的病人，感到既孤單又恐懼，懷念一天前，老頭子握住她手時的體溫。當彼此的手鬆開，這僅存的人與人觸碰，就從此截斷。一位護士走近，告訴她沒有感染新冠病毒時，她隱隱然鬆口氣，感到釋然，對這件事她回想也覺自己無知——一個心臟衰竭的末期病人，有沒有感染新冠病毒，生命也差不了多少時間吧？或許當時天真的認為，沒染上新冠，在醫院裏就不會像新冠患者一樣，要入住隔離病房，與世隔絕吧。她相信很快會被重新分流，就有機會再見老伴。所以急症室那刻的分離，也是短暫的。

婆婆被送到病房，那裏病人不多，四張牀只佔據了兩張。住院期間，她再次等，等熟悉的臉孔，等醫護來問候，白白的等。她羨慕老頭子，幾年前他在病榻上，她在牀邊，為他清潔身體和頭髮，為他刮鬍子換尿片，斟一杯水給他。而她現在呢？尿片髒了沒人理，喉嚨發痛，口舌乾涸，嘴唇龜裂滲血，全身發疼，有誰在意呢？這裏雖然不是隔離病房，但每位醫護都嚴陣以待，護士只留在病房外面，忙着繁複的防感染措施，除了每天一、兩次有護理員穿上防疫「太空衣」進病房打針派藥外，誰願意出入房間照顧你呢？

婆婆發現，天地竟如此公平，所有病人無論有沒有感染新冠病毒都一視同仁。為了老伴，即使虛弱無力她仍努力活着，大口大口的吸氣，但她的肺浸在江洋中，和空氣無法接觸，像她一樣與外界隔絕。

牀邊的醫護員工，再看不到一張完整的面孔，口罩阻隔了微笑的嘴角，讓四周降溫。住院九天，她好懷念老伴手的溫度。此時她的毛毯滑落，外露的肩膀冷得發抖，手腳冰凍如雪，有誰可以為她蓋好被子、用溫暖搓揉手腳？或為她按摩一下痠痛的背部肌肉，把她傾斜的身軀移正？她的嘴唇如沙漠般乾得裂開流血，誰願意蘸濕這片發燙的地殼？頭髮糾結，尿片三天沒換，一身發臭，誰在附近呢？

她大部分時間都神志迷糊，稍有意識時就問自己，為什麼還活着？怎麼還沒有死去？看這副沒人顧、無法自理的樣子，和死人有什麼分別？有個護士好心，問想不想和老伴視像或通話，叫她啼笑皆非——我好累，又不諳電子產品，而且眼睛看不清楚耳朵不靈光喉嚨乾涸刺痛，又如何使用電話或平板電腦呢？

婆婆哭笑不得，正想口快告訴護士，我與人接觸，主要靠觸覺，你們知道嗎？我不該激動的，我不該哀傷的，這情緒令心跳紊亂，腦袋發脹。我渴望與人觸碰，這會給我踏實的力量，讓靈魂安居體內。但現在，靈魂成了按捺不住的飛鳥，開始離開軀殼的藩籬了……

四

醫院的仵工進入病房，推着那叫做「賓士」的運屍車——真諷刺，原來人死後才有機會躺進「賓士」。「賓士」停下，傳來「嘎啦」的開蓋聲。仵工手法稔熟，婆婆整副軀殼軟軟的，左一滾右一拉的被擺弄着，就這樣套進灰色的屍袋內，拉上拉鏈後，背和病牀之間滑進塊硬板，一推婆婆就順勢竄進「賓士」裏，「嘎啦」的關上車門，「咔嚓」把停車腳掣解開，「賓士」重新起動。

我和靈魂跟着仵工，送婆婆到醫院的一隅。車輪「咕嚕咕嚕」滾呀滾，婆婆在車箱裏顛簸，反了身面朝下，壓住鼻子和額頭，殘留在肺裏胃裏和口腔的分泌，由於地心吸力從鼻孔和口角不受控的流出來，臉頰就浸在這灘口水體液中……

婆婆俯伏在「賓士」內，血液受地心吸力影響，開始向下凝聚，不久後沉積的血球會分解，臉頰隨之出現紫紅的屍斑，像被燒過的乳豬一樣，鼻子和額頭因受壓而塌陷和蒼白，臉上紅一片白一片的，糊着從口鼻流出的黏稠液體，滲着血絲，沾濕臉頰……

靈魂別過臉，不忍心看。這副駭人的樣子，如何見老伴和親友？而且剛才靈魂出竅時，大小便不受控地衝過鬆弛的活肌，由肛門尿道溺出，婆婆平日整潔愛乾淨，這失禁的情形怎可讓人知道？當老伴接她時，哀傷之餘看到這情況將何等痛心？

疫情下，無論多強的鬥士，死前死後都如此孤立無援，毫無尊嚴無力反擊。

「這便是疫下的死亡。」我咕嚕，彷彿有這認知後，眼前的一切就可以接受了。

靈魂望住不堪的軀殼，愛莫能助。

「嚓——」屍袋的拉鏈被打開，一名穿藍色制服的服務員，檢視婆婆俯臥的姿態後，一怔，立刻把她身體反轉，摘除她移位的口罩，快步取來一條半濕毛巾，揩抹臉上和髮邊稀巴爛的體液，毛巾過處飄來陣陣漂白劑的馨香。

之後他為婆婆換去沾上大小便的尿片，整理好縐摺的衣褲，又把毛巾浸在一盆稀釋的漂白水中，擰乾，開始清潔留在膠袋裏的體液，毛巾來回膠袋和面盆幾趟，膠袋被抹乾淨了。

這是骯髒的差事，但他手法稔熟，臉上沒有厭煩，默默的做，完全不把這當一回事。

最後，他輕輕托起婆婆的頭，理順糾結的頭髮，把頭移正，用一張摺疊起的大毛巾壓在後腦勺處作枕。雖然隔住手套，婆婆再次感受到久違的體溫，這是多麼溫柔的觸碰！他揩抹完臉，擺好身體位置，端詳一遍，像對住沉睡的人。

沉睡的人？豈不重奪失去的尊嚴、還原「人」的身分？雖死猶生，婆婆沒有全然死去，我的心「格登」一聲，像在長勝的跑道上，被什麼點數擊倒。

我眼前浮現耶穌看見睚魯死去的女兒，祂說：「孩子不是死了，是睡着了。」這殮房服務員，照顧婆婆就如睡去的人，還她一份尊嚴尊重，這副模樣，見老伴和親友，毫不失禮。

靈魂在旁露出一絲安慰，如在絕望的嚴冬中收到炭火。

婆婆全身光鮮，煥然一新。殮房服務員拉上鏈條，把婆婆推進屍格中，「砰」的輕聲關上櫃門。

我發現時間不早，問靈魂：「送到這裏，也是時候走吧？」

「嗯，好吧。」送君千里，終須一別，靈魂不強求，卻不無唏噓：「主人為見老伴最後一面，説最後的道別話，一直堅持着，可是事與願違。」

也許接觸太多類似情況，我冷漠得不以為然：「人離世時，多少總帶着遺憾。可惜在世時，人總忘記該做的事，把握要説的話。」

靈魂若有所悟：「或許我不該太執著。」

這大概不是執著與否的問題，我轉臉朝向靈魂，像老師對住學生，把要説的話講下去：「婆婆算不錯了。回想，這幾年來好多好多的時刻，婆婆和老伴不都有心理準備，今天的來臨嗎？『走佬包』不是早掛在門上嗎？以往他們不是一次又一次的交代過心底話，談好身後事安排、道別了嗎？他們都曾經歷過許多『最後一面』和『最後道別』，當真正的一刻來到時，也該無悔、沒多大遺憾了吧？」

「叮 —— 噹」，傳來幽幽的門鈴聲，遙遠而清亮。殮房門外的跫音，是老伴來探望婆婆嗎？這裏不是病房，婆婆沒感染新冠病毒，該可以讓他瞻仰，讓他倆獨處親近吧？冷氣中，婆婆在黑暗中含笑安詳，默默守候，以最好的身心狀態，靜候櫃門再次打開，那時就可以再見老伴了。

殮房的大門打開，白花花的，靈魂和我，與探訪者擦身而過。

泣別

蓋棺

一

一陣臭味，把我從沉睡中喚醒。

眼前迷離，我像墮進五里霧中，景象模糊。我睡了多久？現在幾點？何年何月何日？我半夢半醒，頭痛。臭味隱隱約約再次偷襲，是股夾雜腐朽和腥臭的氣味。

這段日子，我神志恍惚，所有事都顯得模糊。

眼前白茫茫一片，如濃霧深鎖。我在哪裏？我試圖眨動眼瞼，好讓視覺清澈一些，或舉手搓揉眼睛，卻發現每吋肌肉都無法動彈。

我僵直的躺在密不透風的空間中。

「醒來！用腦想想！別睡！」我用意志，冀令自己清醒過來。這裏迷離又侷促 —— 我逐漸恢復某些神志。我被兩層膠袋重重裹着 —— 內裏是透明膠袋，外層再被灰色厚實的大膠袋禁錮。透明膠袋內層，被一層斑駁、淡黃又淺綠的粉末沾抹，如塗鴉的色彩。粉末揚起如棉絮，呈球狀，在封閉的空氣中飄浮，於是一個個小降落傘，落在我臉上衣服上，也有些絨球，由我頭頸處逸出，飄上天後上下循環。

漫天飄雪，映着微弱光線，倒有種浪漫。我意識中的混沌，開始散去，零零碎碎的拼湊成割裂的片段。我確定自己睡睡醒醒了許多次，卻無從知道，這狀態維持了多久？無數次朦朦朧朧間，眼前都是白花花的，沒有明暗的轉折，千古時間停頓於一刻。

我被膠袋重重包住，動彈不得，這叫「打包」吧——原來我已經死掉。這認知並不令我很悲哀，像某些必然發生的事一樣，自然不過。我反而慶幸外層灰色大膠袋的拉鍊，並沒有完全拉緊，露出一小缺口，讓光透進來。因此醒來時，我會看到如幼柱般的光明，沒被絕然的黑暗封鎖，也由於這空隙，靈魂彷彿可以竄出，沒被幽閉。

我感謝上天，絕望中的一點光，彷如天堂，讓我不至被黯黑全然包圍擊潰。這總算是某種「小確幸」吧？

蒲公英輕飄飄的如飛絮，映着光線，像極新冠病毒包膜上凹凸不平的刺突冠冕。

一轉念，這線光明，並不尋常。頃刻間，我由幸福之感，墮進失落的深淵。

死後不是該躺在屍格裏嗎？屍格，像雪櫃的層架，關上門後沒有光，漆黑一片。這地方明顯不是屍格！那麼我在哪裏呢？這時我發現，四周並不寒冷，身體的溫度甚至沒有完全冷凍。為什麼死後，我不是身處雪櫃般冷的屍格呢？

這種溫度，會加速身體腐化，甚至發霉的。我的心被針刺痛。

蒲公英又在眼前飄過。一陣冰冷自後腦勺流向足踝，真該死！我讀過一點書，新冠病毒很小，肉眼怎會看得見？這些飄浮的病菌，不是病毒，那會是什麼？那該不會是——霉菌吧？我乍然醒悟，這並不是浪漫的雪花或蒲公英，而是發霉後滋生的菌！

原來我的身體，已開始發霉了！這比死亡更難受，心在悲愴。

這表示，我死去一段時間。一星期？還是兩星期？3 月中，我仍活着，現在是何年何日了？

二

由於死後血液向下積聚，我躺着的上下兩邊身軀呈現鴛鴦兩色——下邊朱紅上邊蒼白，這是死後的自然現象，但我這老頭子對身前身後「鍾無艷」的樣子，着實有些在意。

這也罷了，身體的顏色變化，遠不及皮肉的撕裂叫我痛楚，因為我感受到，有氣體從下腹處，推向橫隔膜，這就是遺體開始腐化的過程吧？啊，希望細菌慢慢來，別太猖獗。

我懊惱，歎口氣，屍臭的氣味，再次刺激我。

我身體微微傾斜躺着，右背位置被什麼輕輕頂住，令我不舒服。是凸起的地板麼？這到底怎麼回事？我腦中閃現入院前看的新聞報道，這場瘟疫令死亡人數急升，急症室人屍共處，遺體要在通道上枕藉而躺，我也成為被遺棄的一份子嗎？真諷刺，輪候公屋需時，想不到死後，連安身的屍格也要輪候。我啼笑皆非。

悲傷的情感漾開，屍疊屍就是這情況嗎？我斜疊在另一具遺體上？這疑惑令我心發毛，不敢想下去。天堂之光耀眼，這裏燈火通明，有誰可以告訴我這裏是急症室嗎？我叫喊，喉嚨卻發不出任何聲音。

這時我聽見腳步聲，拉鏈縫光影晃動，從罅隙中我瞥見光在上空掠過，來了又去還上下轉動，像燈光明滅閃爍的舞池，之後我聽見刀和金屬碰撞的鏗鏘聲……

啊，那是盞手術燈嗎？那麼鏗鏘聲豈不是手術刀？人死後怎會在手術室？唔，這不可能是手術室，那麼這裏該是……該是——解剖室了！

啊，原來我被安放在一張解剖牀上！有張牀躺着，總比席地而睡好些吧？我安慰自己。

我在這裏，正待解剖，還是暫放牀上等待入屍格？我無從得知，只聽天由命。這副身體還能做什麼？還不是如貨物般任由擺佈、或宰割，再也沒所謂了。

有人走近，在我身旁停下。

遠處一名員工高聲吩咐：「你先檢查一下確實人數。貨櫃剛到了，如果今天測試沒問題，明早把牀上的魚[註1]都放進去。」

「好！」站在我身旁的員工回應。推了推我，整理墊在我右背下摺疊的膠袋，移正我略為傾側的身體，讓我平躺——這樣舒服多了。

啊，醫院添置了貨櫃，我明天可以入櫃，不必繼續在室溫下腐化！我有種「終於等到上樓」的興奮。

我躺在牀上，沒有屍疊屍，正待「上樓」，我鼓勵自己，總不算差吧。

事情並不很壞，對，回想死前的十天，我甚至慶幸這算是不賴的結局。

註1：屍體，行內俗稱「魚」。

三

記憶的碎片，重新在漫天飛絮中拼合。我該感謝上天，讓我感染新冠病毒嗎？離世前的十天，是最叫我回味的日子，我可說死而無憾了。

剛才身體微微斜疊，令我聯想起「slash」一字，想起就會心而笑——我這年紀，竟也成為「斜槓一族」，豈不有趣？我這老人家，為什麼會知道「斜槓族」[註2]這潮語？若不是生前女兒解釋，我哪會懂？我為親身向她示範「斜槓」而莞爾。

想起女兒，往事如錄像倒放般快速搜畫。女兒八歲時，太太離逝，自此我和女兒相依為命了廿年，可惜即使同一屋簷下，父女之間卻很少溝通，自覺感情像半冷不溫的開水，淡然無味。關於這點，我常為沒有好好聯繫關係而耿耿於懷，亦深感愧疚。父兼母職，為了生活我不得不做兩份兼職，一星期工作七天，早上

註 2： 斜槓族，英文是 slash，就是從事多重職業的人，是新興的工作模式。

去超市搬運下午做速遞，早出晚歸，每天回家時，女兒差不多上牀睡了，而我還要準備翌日的飲食，待女兒放學享用。父女倆在生活上交接不多，共膳的機會更少，直到她升大學，我也退休，多了時間在家。可惜由於她入住大學宿舍，要為學業拚鬥，畢業後職場既忙碌又多應酬，往往我快睡了才回家，我倆始終像硬幣的兩面，很少相見。連結我們的，是女兒晚上回家時，放在桌上的一碗湯和宵夜。

那天，我感到不適，打電話給正在上班的女兒，告訴她確診了，她「嗯」的一聲，問：「有哪裏不舒服嗎？」

「喉嚨痛，像刀割，骨痛頭痛，人累。37.6 度，不算燒。人還可以。」

「那是低燒。家裏該有必理痛，你先吃兩粒，留在家，我放工回來看看。」

我本想叫她別回家，找酒店住，但她已收線。悵然放下電話，我呆坐客廳，滿有歉意，自己病倒，女兒成為密切接觸者，要家居隔離不能上班，可能還會因此感染，連累了她。

當天她回家得早，還沒到七點，帶着兩大袋超級市場的物品，背包也塞滿了，都是未來兩星期我倆的生活物資——消毒用品、速食麪、水果、飲品、藥物、蔬菜、急凍肉類、仍然微溫的叉雞飯……和一盒在樓下買的出爐蛋撻！

這是我和太太最喜歡的蛋撻，以前經過麪包舖，如果蛋撻剛出爐心情又好的話，就會買來和女兒吃。我突然感觸，把蛋撻放在家裏的靈位前，為太太上炷香，父女開始聊起往事。那個晚上天氣很冷，我和女兒分別在睡房和廳，一邊聊一邊吃晚餐，蛋撻不熱，卻是我廿年來嚐過最香最好味的。

女兒為我申報病況後，政府遲遲沒有回應，父女就這樣「被逼」共處十天，因此多了時間傾談，是難得的相聚時光——關於被隔離後沒人跟進這點，我毫無怨言，反而感恩。患病期間我們父女每天一起清潔消毒房子，隔着門問候對方身體狀況，戴着口罩寒暄，她打點藥物，又親自下廚，定時把熱燙的清湯和餐食放在房門外——我才發現女兒的廚藝竟有母親的影子。

我想不到，廿年來父女倆沒多談，話匣子打開，卻侃侃而談，講了一生的話，讓我重新認識面前的女孩，經歷她的成長和掙扎——讀書的惶惑、選科的困擾、大學時的失戀、工作的人事、喜歡的偶像、現在心儀的男子等，以及做「斜槓一族」的想法，我認識她的抱負理想和要走的路，這一切都太美好太珍貴……我和太太抱着初生啜着手指黑實肥胖得像男孩的嬰兒，彷彿還是昨日的事，晃眼就快三十年了；沒想到父女在隔離期間，才有機會天南地北的深入了解，追回以前失去的片段，憧憬未來，那是我一生溫馨無比的十天。

之後，我的病情急轉直下，發高燒和呼吸急促，女兒為我召喚救護車，身體告訴我，這是一場大病。理智上我接受死亡，感性上卻對女兒很不捨，在等待救護車的漫長時間中，女兒握着我手，口罩上她的眼睛明亮，像極亡妻，彷彿妻子回來我牀邊。

我很安慰，一家人都在牀邊了。

黃昏無限好，女兒心急如焚，我説不打緊，心想救護車遲些許沒關係，有女兒和太太在身邊陪我，這樣就好，請別拆散我們一家，把我孤獨的困在醫院，我捨不得那牽着的手。這一切極美，只要牽着，走到哪裏都好……

牽着……牽着……直至在一片金光中，女兒把我交給彼岸等待的太太。

女兒，爸爸比你更早成為「斜槓族」呢！日後你要好好照顧自己，謝謝你的照顧，感謝你陪爸爸走完人生最後一段路，我和媽媽為你驕傲，會在天上看顧你。爸爸知道，你已長大，有足夠力量走前面的路，我和媽媽都很放心。請不要怨天也別怨瘟疫，爸爸在最後的日子有你作伴，是上天給我最好的安排。

親愛的女兒，當疫情過去，希望你仍能健康的活下去，我和媽媽雖不在身邊，請你務必記住，我們愛你。日後遇上什麼事，高興的不高興的，吃什麼看那齣戲買什麼牌子的手機，可以像過去十天一樣告訴我們嗎？當有什麼困難，只要抬頭向天，就有一家人的愛，我們和你一起克服。

我躺在解剖室，默默等候，女兒幾時會來呢？我掛念她，渴望再見她。肚皮又一陣脹痛，霉菌在眼前紛飛，那股腐朽的惡臭再次襲來。作為新冠死者，看來不會有人敢打開裹着我的透明膠袋，把我臉上身上的病毒和霉菌，清潔或打埋的了。我對這副模樣，感到迷惘又屈辱。

還是算了吧，女兒，如果你仍然愛我，請你接我時，別打開灰色膠袋，不要看我，我已經不是你認識的模樣，相見只令大家難受。為我舉行喪禮時，請挑選那張放在書房案頭媽媽從後抱住你的全家福，雖然年代有點遠，但我喜歡一家人充滿笑容和幸福的照片。女兒，請把爸爸的樣子放大，置在蓋上的靈柩上，省去瞻仰——爸爸不希望其他人看見我現在的模樣，這對我對他們都太殘忍。

請留一點尊嚴給我，這是爸爸最後最卑微的願望。

讓人記住相中的幸福笑容，讓美好的記憶，留在來賓的心中，就好。

微光

好事難為

一

雖說好事不妨多做，但「好事多為」的後果，可以很嚴重。

身為好事，我覺得自己像「扑傻瓜」遊戲機裏的公仔，正確的說，是遊戲機裏困在洞穴中的地鼠[註1]。疫情期間，每當我蠢蠢欲動，準備從洞中冒出頭來時，就會有黑色的大頭鎚扑向我，把我硬壓下去，回到洞裏不見天日。

我仍舊是我，不定時不定點的伺機探出頭，再次落得鎮壓的下場。我是傻的嗎？或真如過街老鼠令人不打不快？我也弄不清楚。

每次大頭鎚襲來，都令我暈頭轉向。大頭鎚愛當頭棒喝的警

註1：「扑傻瓜」遊戲機，又名「打地鼠」遊戲機，所需工具是大鎚。在高及腰的機箱，有多個穴口，穴內放置一隻塑膠製的地鼠（或其他玩偶），隨機上下移動。當玩偶的頭從洞中冒出，玩家要用大鎚拍打，使玩偶縮回洞中，才可以贏得分數，玩偶會隨時間愈冒愈快。

示我：「疫情下的好事，不可多為，當警惕好心做壞事！回去！」

砰！我縮回洞裏，頭頂被打扁。

就這樣，為免頭顱開花，我會宅在洞中，畏首畏尾，害怕站出來，做了縮頭烏龜，久而久之成為孤獨精，因此我特別佩服身邊朋友願意冒險闖關，無論結果如何，那份勇氣已彌足珍貴，要俾十個 Like。

我甘於寂寞，在鎂光燈外暗地生活，若有人遇見我，想褒揚我抬舉我上天，噓，leave me alone，請別 CLS [註2] 供我出來，槍打出頭鳥，我會「見光死」啊！

有人問我，「好人好姐」為什麼會落得「傻瓜」和「過街老鼠」的收場？現在疫情離人類遠去，世界衞生組織認為新冠病毒不再構成「國際關注的突發公共衞生事件」，香港也把應變計劃

註 2： CLS，網絡潮語，是 Comment, Like, Share 的縮寫，即請觀者留下回應、讚好及分享。

由「緊急」調低至「戒備」級別，既然事過境遷一切復常，我就把一些坎坷身世說出來吧。

話說第五波「屍滿為患」，殮房內的遺體多為新冠患者，為這些遺體安排殯葬事着實遇上不少困難，多副遺體因此滯留殮房。為了更有效疏導遺體，同時因應科學家對 Omicron 病毒的了解、羣體免疫屏障的建立等，經多方協調和努力，殯儀業開始為死者作簡單的化裝和裝身，也讓家屬舉行簡短的告別儀式——於是殮房重新開放，家屬可以隔着透明的膠袋，瞻仰遺容向死者道別。

也許沒多少人知道，瞻仰遺容的安排從無到有，是疫情以來很大也很重要的轉變——染疫者在病榻中無法和親人見面，死後一些家屬難以釋懷，自然渴想相聚傾訴，好好說聲再見。

這件事發生在新安排前的某天。

二

那時香港實施「外防輸入，內防反彈」的策略，防疫措施嚴謹，感染和死亡數字都給壓了下去，堪稱全球首屈一指。防疫措施定得嚴，市民步步為營，為堵截病毒，各人保持社交距離，往往拒人千里。

那是一個人心惶惶的時期，電視新聞都是疫情消息，社會處於繃緊狀態，嚴陣以待：屋邨有人染疫需要隔離，居民須強制檢測，但安排混亂，支援滯後，令大批居民抱怨鼓譟；有密切接觸者居家隔離時被家人感染，哭訴無辜；由於救護延滯令長期病患者等待送院期間離世，家人憤怒；醫學診所員工染疫後，政府需要進行大規模源頭追蹤；政府考慮再次收緊社交距離措施，議員建議提供誘因吸引市民接種疫苗……

在亂世的驚恐中，醫院的殮房主任收到親屬的查詢。

聽完請求，殮房主任聯絡負責殮房管理的馮醫生，報告一名80歲的婆婆感染新冠病毒，氣促入院，之後併發嚴重肺炎，兩星期前離世，入院後親友一直都無法探望。

「家人打電話來殮房，説想來探望婆婆。」

時機到了，我在「扑傻瓜」遊戲機的洞穴中，準備冒出頭。

我：「疫情下，親友難以探病，死後希望來殮房見一面，可以理解。」

大頭鎚在頭頂處，訝異的望着我，像對住一個傻瓜：「這是新冠肺炎死亡個案，還想瞻仰？這你難道不懂？」

他説得對，這類死亡個案，家人一般都明白近距離接觸遺體的風險，不作他求，而且醫院早有建議，新冠肺炎死者，不可瞻仰。措施背後的道理大家都清楚明白，涉及多重考量——殮房員工需要移動遺體，出入屍格、停屍間和瞻仰室，近距離接觸受感染的遺體始終有風險，而且瞻仰前後要為遺體和環境消毒，工序繁複，除了增加員工的工作量，亦有機會感染病毒。再者，在狹小的瞻仰室內圍觀遺體，也有可能導致家屬感染，甚至釀成社區爆發，套用常掛在嘴邊的一句話，「防疫不可掉以輕心」。

有鑑於此，於是「一刀切」:「感染新冠病毒的死者，一律避免瞻仰」。

我把頭縮回洞裏去。

措施清晰，殮房主任仍諮詢馮醫生，顯然這家庭有點不同，令主任為難。

殮房主任歎氣:「唉，馮醫生，這家人也真不幸。」

原來一家四口同住，母親最先發病，等候入院期間其餘三人相繼在家染疫。母親病情嚴重，由救護車送入深切治療部，父親和子女三人先後被送往不同醫院，家中成員天各一方，無法相見。三星期後父子女三人先後出院，母親卻音訊杳然，打聽後才知道已經離世。

三人幾經折騰重聚，想起母親孤伶伶留在殮房，想向她報平安，看她的情況，一家「齊齊整整」團圓，談談情況，也了卻母親掛心。

天人永訣，疫病拆散家庭，叫人傷感。殮房主任唏噓，本來可以狠下心腸，決絕的回應一句：「不好意思，醫院規定，新冠死者不可瞻仰」就可以打發家人，但話到嘴邊卻吞回去。

他於心不忍，但又如何幫忙？

這個悲情家庭，父親和子女康復出院，冀望團聚報喜，人之常情。

我被打動，企圖再次闖關，但大頭鎚高高在上，不可貿然躍起，必須靈巧些……

三

我打量一下，藉馮醫生建議：「如果想見婆婆，可以把領取遺體和瞻仰『二合為一』嗎？」

這是「折衷方案」。當家人領取遺體時，殮房預留多點時間，讓家人和遺體相聚多一會才移走，以為慰藉，也減少遺體出入和移動造成的風險。其實，疫情期間，醫院防疫措施嚴謹，很多家人感矛盾，既害怕上醫院探望死者，又想和死者相見多一會，這「折衷方案」都可以派上用場。

我仰望大頭鎚，有點理直氣壯的探問：「這不是有前科嗎？曾有名外地趕回香港的老翁，錯過見兒子最後一面，請求到殮房探望死者，當知道可以在領取遺體時酌情讓他陪伴兒子多一會後，頓然釋懷，情願『一次過』在領取遺體時和兒子短聚，才去火葬場。」

大頭鎚「哼」的一聲，睥睨的居高臨下：「你死心吧。上次兒子不是感染個案，安排上當然順暢得多，這次情況明顯不同。

現在家人請求儘快見婆婆，向她報平安，哪會等到出殯？而且婆婆是新冠肺炎離世，找殯儀館辦理身後事絕不容易，要等到出殯才見，不知要多久？你別節外生枝，多一事不如少一事，斷然拒絕不就一了百了？……」

我被什麼擊倒，猶豫一陣，「折衷方案」行不通，唯有心安理得的宅回洞中。

馮醫生明顯清楚這道理，提出另一擔憂：「安排瞻仰，殮房同事近距離接觸新冠患者，會首當其衝，沒多少人願意承受風險，為家人多走一步吧？」

殮房主任回答：「安排瞻仰，近距離接觸新冠死者，殮房同事當然會擔心受感染，可免即免。」

黑色大頭鎚傲視我，一副「聽到沒有？」的模樣。

主任頓了頓，接着說：「只是將心比己，『人同此心，心同此理』，員工都很同情這家人。現在殮房不時會接收新冠肺炎的遺體，從屍格中移出移入，一些死因研究法庭的個案，甚至要打開屍袋和警方一起檢查遺體，大家都習以為常，何況還要做新冠死者的解剖呢！殮房工作，就要面對不同病菌的感染風險，只須穿着適合的保護裝備，該沒問題。」

聽到這裏，我的腿又不安的想蹭上去。

黑色大頭鎚又來到我頭上，嚇唬道：「這情勢，怎到你不按本子辦事？為新冠死者安排瞻仰，容易惹來挑戰，必須小心處理。婦人之仁，你忘了幾個月前病房的那對老夫婦？」

大頭鎚一言驚醒。那對老夫婦，因感染新冠病毒雙雙入院，老翁病情危殆，留在深切治療部，婆婆病情較輕，在隔離病房。婆婆日夜思念公公，知道他病危想探望，一名社工有意安排，讓婆婆見彌留的老翁最後一面，向隔離病房和深切治療部查詢，馬上觸動高層神經，認為在疫情嚴峻時期，「隔離病房和深切治療部有段路程，不可以讓新冠病人離開病房，在醫院到處播毒！醫院有很多病人，傳染後果或不堪設想……」

那次，我朋友的頭才冒出來，馬上被撞擊得凹陷下去。

「好心沒好報的，死心吧。」大頭鎚勸阻我。

正當我把準備伸展的大腿蹲下去，耳際傳來馮醫生的疑惑：「其實，『新冠遺體不可瞻仰』的措施，初衷是什麼？是保護家屬，避免病毒進入社區。現在親屬都是剛康復個案，體內的抗體分量很高，有免疫屏障，再度感染的風險幾乎是零，為何不可通融瞻仰呢？它的危險在哪裏？既然病毒不侵，又怎會把病毒帶出社區？家人隔着膠袋瞻仰，不可接觸遺體，限制瞻仰時間，瞻仰前後必須潔手消毒，事後員工徹底清潔，做妥防疫措施，做好個人保護和環境清潔，這樣行嗎？」

大頭鎚見我眼神發亮，「嗚呼嗚呼」的發出警示，作最後通牒：「酌情處理？特事特辦的後果，你承受得了？網開一面，日後事件公開後，被高層和其他人知道了，或會大做文章，到時解畫真要耗費心思時間呢！這先例的後果，你有考量嗎？」

黑影鋪天，隨時襲下來……

四

疫情下，我就是如此偷偷摸摸的存在，許多時候我都宅在暗角處，但當機會來臨時又會嘗試探出頭，有時換來讚賞，更多的是引來人的挑戰狙擊，或驚弓之鳥般的批評：「要嚴格防疫，不可掉以輕心，疫情隨時反彈。」這「尚方寶劍」大頭鎚，敲擊刺痛多少病患和家屬！經歷過「特殊安排」的人，都小心翼翼的把我收藏起來，以免「壞了好事」。

好事行在暗中，真箇如《聖經》所說，幫助人的時候，「不要叫左手知道右手所做的」，這不單是謙卑，更是智慧。

疫情下，我不能被張揚，是無可奈何的事。病毒肆虐，醫學、科學的數據，搶佔道德高地，為「公共健康」壓倒一切人文關懷，喪親者彷彿連呼喊和哀傷的資格也沒有。為了社交距離，人與人被逼分隔疏離，毫無妥協的餘地。

好事要苟且偷生，的確諷刺。我一直蟄伏於大堆冷冰的數據、嚴厲的言論中，不動聲色。公共衛生無可厚非，但把所有其他事一面倒壓下，包括經濟、生活、人與人的聯繫和接觸關懷，會不會走向極端？我無力反駁，也無意對抗，疫情下做好事，往往吃力不討好；不做呢，反而顯得天經地義。請舉起「尚方寶劍」的人，如果在風險可控下，高抬貴手，容許一絲隙縫給我，又或許舉劍前停一停、想一想，先別急於用「不可掉以輕心，疫情隨時反彈」凌駕一切的口吻指控我，我就會感激你的大恩大德了。

瘟疫俘虜了千千萬萬的病人，喪親者與死者被隔絕，我像戰爭中的舒特拉[註3]，悄悄的逐個拯救，數字上像微不足道，但我慶幸，在醫院的不同角落，仍有有心人不因「善小而不為」，令我可以卑微而隱蔽的存在着，為冷漠的疫情添上半點溫暖。所以當大家領受了一份「酌情處理」，當有人為你努力付出，特別打開方便之門，只要輕聲道謝，心領神會就行了。

疫情下的好事，難以多為，因此請愛惜我，只要我一息尚存，你就會看到，疫症無情，但人間仍然有愛，這份相信，就是人活着的力量了。

註3：奧斯卡・舒特拉（Oskar Schindler, 1908-1974）為德國資本家。第二次世界大戰期間，納粹德軍進行猶太種族滅絕行動，屠殺近600萬名猶太人，舒特拉藉開設工廠，憑勇氣、膽識和機智，成功挽救1,100名猶太人免遭德國納粹的屠殺。為此他耗盡積蓄，1963年獲以色列政府頒「國際義人」稱號。

微光

終極任命

一

我默默無聲，座落在偌大而漆黑的貨倉裏。

身體幾年沒起動，被投閒置散好一段日子了，我到底要等到什麼時候呢？身體表面早鋪上厚厚的灰塵，一些位置還生出淡然的啡綠色鏽蝕，像牛皮癬的皮膚病。

我不知道我的將來。是儲存凍肉？運送罐裝食品或電子零件？發悶難耐，無論是什麼任務，我都開始不耐煩了。

來吧來吧，我什麼都答應，請用我啊！

日子一天天過去，任務未明，我只好繼續呆呆的等，龐大身軀如山般屹立不倒。上次的任務發生在疫情前，我載着大量文具，穿越汪洋由貨櫃船運到碼頭，正當卸除貨物時，全球爆發新冠疫情，之後國際交通幾乎停頓，因此我和百多個同伴，囤積在碼頭和倉庫裏；像香港許多打工仔，賦閒下來，等待工作，等待疫情過去。

失業的日子不好捱，這樣一等就是兩年多。

我一直幻想自己將來的用途，會跟大多數的師兄師姐一樣，滿載急凍的雞牛豬魚嗎？還是用來運送新鮮蔬菜水果？抑或電器家品？或者是去空曠的地盤，放進桌椅充當臨時辦公室讓工人休息睡覺吃飯？唔，我最希望運鮮花，乾淨，卸貨後整個身體還散發陣陣馥郁的花香，像噴了香水，令人振奮，不像運完冰凍的肉類，有股肉腥臊味，三天三夜都難以消散。

後來知道政府正籌劃「臨時房屋」，這消息令我興奮，君不見荷蘭、英國、新加坡及澳洲等地均有用貨櫃興建「組裝合成」的臨時房屋嗎？據聞有些師兄師姐被委以重任，在新界不同角落像積木般堆砌成屋，合成樓高四層的「過渡房屋」，每間屋裏可住一至三人，還附設獨立洗手間及浴室、電熱水爐和冷氣機，成為吃喝玩樂的空間，這比「劏房」好住多了。

嘩！在這寸金尺土的香港，成為人暫時的蝸居！這個新角色，我躍躍欲試，好期待呀！我滿懷盼望的耐心等候。

一天，有人為我背後的冷氣槽接上電流，冷氣機乾咳幾聲，清清喉嚨，「呼嚕呼嚕」起動。我知道希望來了。

「這貨櫃是體積較大的一款，40呎乘8呎乘8呎，開冷氣後三小時內就能令內部溫度降至4度，如果用上更強的製冷系統，甚至可以把溫度降得更快更低，是冷藏的好材料。」賣方一邊在我身邊走，一邊和買家洽談。

我的口被打開，買家鑽進我家徒四壁的身軀，上下打量，仔細檢查一遍，測試製冷功能，左敲右碰，把門「吱吱」打開，不情願的低語：「有點舊呢！」

這悄悄話當然沒給賣家聽見。買家最後再檢查一遍，之後點點頭，與賣方握手——不，碰肘。

Yea，順利成交！我終於等到出頭的一天，幾乎整個跳起來。

當大貨車把我送走時，路上我一直猜想自己的用途。雨下得大，前路迷離，我離開高速公路駛入繁忙道路，愈走愈發覺不對勁，怎麼是人多車多的市區？蔬果批發地和臨時屋，不都在新界或郊區嗎？心情不由得黯淡，這裏高樓林立，附近不像有施工地盤，之後竟轉入醫院，來到綜合大樓背後的空地——一個我從沒想過會來的地方。

吊機在山坡處把我徐徐放下，幾個工作人員早在等待，指手劃腳，「左一點、再左，好！」我雙腿站穩，員工把我移正位置，再調校地面高度，我張開口讓他們在體內左右前後量度，測試冷氣運作，又把我的口重複打開又合上，添潤滑劑，安裝穩妥的鎖，反覆驗證，以確保安全無誤。

「嗯，雖然冷氣不很穩定，但也可以，其他的沒大問題。的確有點舊，這角落生鏽了！」那看似主管的員工眉頭一皺，披着雨衣，從我的口裏踏出來。

「老細，貨櫃現在很搶手，好難才找到這個舊櫃，算走運了，別太挑剔吧。」

「層架到了嗎？」

「訂了。明天會安裝層架，後天該可以用。」

「明天一定要裝好，愈早用愈好，等不及了。其他的貨櫃呢？」

「最快後天到。會放A座停車場。」

「這個先放新冠死者，下一個才放非新冠的吧。」主管總結。

我揉揉耳朵，什麼？我存放的，竟是遺體？更是疫下的新冠死者！

晴天霹靂。到底是什麼回事？

二

2022年的冬天，很冷。

覆蓋華南的廣闊雲雨帶和冬季季候風，在香港狹路相逢，烏雲、冷雨和濃霧驟至，天氣幻變不定，像新冠疫情偷襲一樣，波譎雲詭。這年2月，平均氣溫較正常的低攝氏1.9度，雨水很多，全月總降雨量是正常的四倍以上。

頻密的雨水夾雜寒風，打在我的髮膚上，鋒利如刀，我打着哆嗦，要費好大的勁才能支撐下去。低溫打開了潘朵拉的盒子，釋出的幽靈是等待盛宴的饕餮，竄進各大醫院的急症室，對染疫的患者虎視眈眈。

我佇立在後山的坡下，望着流落在急症室的病人，抱恙的他們，如何抵禦嚴峻的天氣？遠處絡繹不絕的救護車，排隊等候進入急症室，病人和家屬擁擠在急症室外焦慮地等候。為免人羣聚集，醫護勸喻家屬離開，卻無力照顧滯留在走廊的垂危患者，病人都顯得沮喪又絕望——這是人間的煉獄。

冷雨無情，繼續灑在我身上，天文台預警，一股寒流將於今明掩至。冷鋒未到，一陣寒慄從我頭頂竄下腳踝——急症室虛弱的病者，如何承受另一波的寒流？

深宵時分，我留意到急症室和殮房的一隅，堆放着灰色的藏屍膠袋。急症室的護士和病房助理，推着運送遺體的「賓士」急趕向殮房。他們在走廊來來回回，行色匆匆神情憂忡。

「賓士」像運輸車，到急症室接載藏屍膠袋，到殮房後把膠袋卸下，空車折返急症室又換上另一具遺體，耐人尋味——因為急症室死亡的病人，該移送公眾殮房，不該是醫院的殮房——而且還有護士陪同，氣氛凝重得令神經繃緊。

勞師動眾，似乎發生了大事，令遺體滯留急症室。因為公眾殮房有屍滿之患，還是黑箱車運作上的阻礙，以致屍體堆放醫院急症室，需要運至醫院殮房暫時安放？

許多靈魂竄出軀殼，病人甚至連喊也沒喊一聲，就靜悄悄的離世了。滿目瘡痍，急症室的角落處又遺下一個灰色膠袋。哀鴻遍野，我被震耳的求救聲召喚，耳膜發疼，但死去的人，怎呼天搶地？這裏連留守的家屬也少，又哪來的哀號？鼓動我耳朵的，難道是出竅的靈魂，還是我怦然的心跳？

情勢不妙。天昏地暗，死傷枕藉，我仿如身處戰壕。這是一場災難，實在需要破格的拯救，怎辦？

我想起剛才員工説的「這櫃放新冠死者吧」，這便是我來的目的嗎？貨櫃用作存放遺體，是香港史無前例的舉措，我從無聽聞，但……有必要嗎？香港殮房不是有數以千計的存屍格嗎？難道不敷應用？即使如此，仍有其他貨櫃，何必偏偏選中我？

用作貯存新冠者遺體是一個噩耗，猶如判我死刑——試問誰會重用一個曾存放屍體的貨櫃呢？疫情完結後我只有報銷的命運。

這將是我的「終極」任務。我豈不是為此捐軀、戰死沙場？我的天！

我想偷走，但腿固定在地上。遠眺兵荒馬亂，我也死到臨頭，命運同樣堪虞。

耳邊又響起那呼叫無助的聲音，情勢刻不容緩了……

我如何是好？上天為什麼要開這玩笑？我做錯了什麼，要受這懲罰？我不想成為犧牲品，我才不幹！我把口緊緊閉上，不想再被人打開。

三

清早，殮房主任把車泊在我旁邊，便趕緊跑去停屍間。

灰濛的天，滿佈密雲。踏入殮房，雖早有心理準備，但眼前的情況仍叫他觸目驚心。工作二十多年，還是頭一趟目睹屍體在一夜間佔滿所有擺放空間的情景——屍格、解剖桌、推牀，甚至地上！昨晚離開醫院時，明明已把遺體分配好，按遺體大小、性別和感染風險並排存放在屍格內，以騰出更多空格給夜間淹至的屍體，怎麼八小時不到，就湧進數十具遺體？

屍體數目遠遠超出殮房屍格的負荷，令人心寒的是，大部分遺體都標籤為「黃牌」（第二級別傳染性，俗稱「黃標」），即是新冠死者，他們的病毒量高，殮房主任望着遺體與凝於膠袋表面的水氣，突然覺得，空氣中氳氤着蠢蠢欲動的病毒，由四面八方侵擾而來。

蜂擁而至的遺體迷了路，流落在不應該到的地方，在室溫下將很快腐化，亟待處理。主任被一個個遺體包圍，震懾於面前有形和無形的威脅，馬上再盤點殮房屍格一次，發現幾近爆滿，倒抽口氣：「這場劫難，真是死無『存』屍啊！可以怎樣安置呢？」

他心有戚然，但必須先把傷感壓下，商量對策，立刻安置堆積的遺體。面對洪流，手中只有面盆盛水，這是一場怎打的仗？他感到既焦慮又無助，唯有兵來將擋、水來土掩。

早上七點，各殮房員工知道「災情嚴重」，提前回到崗位，各就各位，像軍人出征前等待訓話。

「安全第一，請大家先核實所有遺體的資料和數目，必須確保遺體出入無誤，不可出錯。遺體多，但不要怕，不要自亂陣腳。」主任的話說得堅定，心裏卻不無怯懦，「我剛才查過，今早有三具遺體被領走，還有幾個屍格可以『孖舖』，大家先把這些填滿，把遺體低溫存放。遺體數目多，容易混亂，每具移出和移入的遺體，要由兩位同事一條龍處理，互相監督，直到完成程序，確保安全，清楚沒有？我會請死亡登記部的同事，聯絡家屬，儘快安排殯葬領取遺體，騰出空間。」

他頓了頓，確定每人都清楚了，再說：「出入停屍間的同事，要穿好保護裝備。阿豪、阿樂，你倆先用抹布浸漂白水，清潔每個屍袋表面，先消毒。阿力，按遺體大小、性別和感染風險，再審核哪些遺體可以重新調動，騰出位置，儘量一格兩屍，我不希望浪費任何貯存空間。移動遺體後，必須即時上傳電腦，用 RFID 確保遺體身分無誤⋯⋯阿威，你的口罩眼罩戴好啲啦，注意防疫措施！總之大家一切小心，好好保護自己。保護好自己，才可以保護他人。」

於是每一個屍袋表面，都抹上漂白水，封好拉鍊以免體液溢出。員工讓遺體雙手平放兩側，把屍袋左右寬鬆的兩邊捲起收緊，完全貼合遺體的形狀，屍袋佔據的空間頓然縮小，可以更容易更安全地收納進屍格內，就這樣這裏存一具、那裏放一軀，善用每方寸的空間。

我離岸觀火，儘管傾盡全力把遺體上「格」，地上仍放置廿多具遺體，未及安頓。這時殮房主任吩咐把幾具遺體放上三張解剖桌，又找來帆布牀和軟膠地墊，在小禮堂內建造了臨時營地，讓遺體安躺在帆布牀和軟墊上，心想「這總比躺在冷冰冰的硬地上好」。

一具具遺體並列在小禮堂內，十足戰地醫院。

為減慢腐化速度，解剖室和小禮堂的室溫，被調至最低。才安頓好，主任想起有善心機構願意為遺體提供環保棺木，以及具清潔除臭和防腐功能的「遺體保存劑」，立刻向上司提議，添置這些環保棺木和保存劑……

每個員工穿上整全的保護裝備，搬運的搬運，張羅的張羅，面罩被霧氣模糊，從早晨到黃昏，不停移動幾十具六、七十公斤的遺體，疲於奔命，寒流下汗仍沾濕了額頭和背脊。

我默默觀望，置身事外。

現在只有你，才可以拯救。我的心響起聲音。

真的沒有其他辦法嗎？不會吧？譬如……譬如……用環保棺木、遺體保存劑和……冷氣，把冷氣開大也有降溫作用，我強詞推搪企圖開脫。

這些哪及得上你呢？挺身而出吧！

請讓我再考慮一下！

遺體正腐化，得不到應有的尊嚴尊重，家屬悲哀又着急，你難道不焦慮嗎？

……

四

香港人，做事果然有效率。

才半天，一個個環保棺木，進駐醫院殮房。

殮房員工索緊膠袋的拉鍊，把一具具遺體裹好，再次合力把重甸甸的遺體轉移至環保棺木，妥為安置，又放進遺體保存劑和香料，減慢遺體腐化發臭的速度，讓遺體更有尊嚴的暫時保留，等待騰出的屍格冷藏……

不知怎地，這情景驀然令我想起一些聖經人物，他們也曾珍而重之的包裹和膏抹遺體。

「約瑟買了細麻布，把耶穌取下來，用細麻布裹好，」(〈馬可福音〉15：46)

「又有尼哥底母，就是先前夜裏去見耶穌的，帶着沒藥，和沉香，約有一百斤前來。他們就照猶太人殯葬的規矩，把耶穌的身體用細麻布加上香料裹好了。」(〈約翰福音〉19：39-40)

「過了安息日，抹大拉的馬利亞，和雅各的母親馬利亞，並撒羅米，買了香膏，要去膏耶穌的身體。」(〈馬可福音〉16：1)

當年耶穌的遺體，也被擱置遺棄，幸得幾位有心人，把遺體用細麻布裹好，加上香料，妥為保存。新冠疫情下這班為遺體付出的員工，不也是現代版的「約瑟」、「尼哥底母」、「馬利亞」、「撒羅米」嗎？

當員工淌着汗，坐下休息喝水時，小禮堂內整齊排列着環保棺木，遺體暫且不至毫無尊嚴地「無處容身」。

看，這不就是權宜之計嗎？何需我呢？我正要沾沾自喜，話到嘴邊卻吞下去。我留意到一些遺體，已隱約出現屍變——無論冷氣多大，多高效的防腐包，十多度的室溫始終不是長久放置遺體的方法，始終要放在低於攝氏 4 度的溫度下。

難怪人看準我製冷的功能，在這非常時期要我完成非常任務。

極目望，急症室和病房，仍有一個個亡魂正待安息。環保棺木如何應付？

這就是我破天荒來醫院的目的。

唔，給我多點時間想想。每次受感動，我都叫自己冷靜，別輕舉妄動。

你還猶豫什麼？怎麼你如此狠心冷漠？聲音又再次敲動我。當大家都全力以赴時，你好意思袖手旁觀嗎？

存放遺體死路一條，我當然抗拒！

想深一層，你受造的目的，正是冷藏和保存，放遺體豈不也是你的份內事？這正是大展拳腳的機會，捨你其誰？你不是等這機會好久的嗎？你怎可以做怯懦的逃兵？

但他們死了，我難道要陪死？我沒有這責任啊！

你曾憧憬成為人暫住的蝸居，現在可以成為遺體的安身之所，不正是你渴望的任務和角色嗎？

為人提供暫住的地方，我的確曾這樣想。

疫情期間，不同崗位的員工，肩負不同任務，為災情出力，現在只有你才能成就這事了——保護照顧死者，就能慰藉生者，是很光榮的事啊！

我也該像其他員工一樣，義不容辭？環顧四周，真的沒有其他方法比我更適合完成這使命。

這正是上帝給你的任務，你要用生命去成就它……

我啞然，被什麼説服，放鬆咬緊的口，視死如歸。

門再次被打開，推進幾個層架，穩固後，一具具遺體就魚貫地進駐，逐漸填滿我空洞的軀體。當遺體被移離小禮堂和解剖室，安放在我腹腔，被我冷冰冰的體溫重重包圍，我的心也被什麼充滿，暖暖的，彷彿完成我最重要的召命。

為每具遺體編上資料、核對一遍後，殮房員工記錄各遺體正確位置，然後「砰」的一聲，把門關上。

論設計、論空調的穩定性，雖然我比不上正統的屍格，但能夠安全而妥當地保留遺體，減少遺體腐朽，直到家人領取，總算發揮了我的長處，成就了最終極的使命……

五

日復日，第五波疫情逐漸退去，而我體內的最後一具遺體，終於被接走。冷氣關掉，燈光熄滅，我望望自己，空空如也的四方體，只剩排列齊整的層架，和留在一隅的抹布，感到孑然一身。

由於曾放置屍體，我散發出一種難堪的「體味」，揮之不去，對於這點，也許由於早有心理準備，意外地我並不介懷，並無不忿沒有羞愧，反而覺得頗有意思，像經歷戰爭後軍人留下的英勇瘡疤。

我為自己感到驕傲。回首，我從哪裏來的勇氣，甘心服事呢？人說，生於亂世有種使命，原來一生，可以為使命而活，就死而無憾了。

我總算為這時代出了一分力作貢獻：保存好遺體，安撫喪親者，這是我千千萬萬師兄師姐無從經驗和想像的，我感到無比自豪和榮幸。

斜陽映照，我拖着長長的身影，孤寂的佇立山腳。經歷過寒冬風雨，我的皮肉潰瘍，啡綠色的鏽蝕深深地刺入骨，我想也是時候和散落香港醫院的幾十個同伴，功成身退了。

微光

一地兩兼

一

三年多的疫情翻天覆地，叫我「死去活來」，來回地獄又折返人間。

説實話，我並不太介意回到地獄，畢竟我本屬於陰冷的空間。大概自有人類歷史以來，我便定性存在於死亡線外，迎接亡魂，與「生人」無關，因此人類叫我「殮房」。

「入棺為殮」，殮房，就是屍體等待入棺的地方，把我的坎坷身世一語道破。

對於這難聽又恐怖的名字，我倒不以為然，因為這正是我，本性如此。

但後來有人説，本質上我其實有陰陽兩面，如錢幣的兩面，這令我困惑。人間，叫我有點在意，一鑽進我耳朵心裏會發毛很不自然，像在婚宴裏被強行安排「搭枱」（拼桌），如坐針氈，格格不入。

疫情前，我的角色一直在變，的確曾從陰間遊走至人間。當我以為站穩人間了，新冠病毒疫情又把我扔進地獄。之後我如何折返人間？且慢，這得從我的起源説起。

一出世我便位於醫院偏遠角落的地下二樓，一直有人説我是管理層的棄嬰，患有嚴重先天性缺陷。人遇見我只會把臉別開，避而遠之，我因此被孤立，瑟縮在陰冷又神秘的一隅。我並不介意這難堪的身世，反而落得「無皇管」的自由。

我沉默而卑微，但請別忘了我的貢獻——迎接亡魂，掌管全醫院病人的「終極出口」，每年香港超過八成死者會留在這裏兩三星期，而他們的家屬也會來這地方辦理遺體認領手續。

我一直與世無爭，「死亡」是我的別名。就這樣，半世紀以來我「家徒四壁」，把自己封閉在四堵牆內，與人世割裂。誠然，陰陽相隔，人間事與我何干？

我留在地府，一直安然，萬想不到幾宗出錯遺體的事件，令我暴露在世人的鎂光燈下，遭人唾罵。我才赫然發現，人間事紛紛擾擾要求多多，招惹不得，得小心別把腳踏過去，誤中地雷的後果是粉身碎骨。

社會震怒，管理層如夢初醒，不得不正視我的存在，發現這棄嬰千瘡百孔病入膏肓，緊急為五臟六腑修修補補，引入殮房資訊系統和 RFID（Radiofrequency Identification, 無線射頻辨識技術）監控遺體出入，手起刀落，「苦我心志、勞我筋骨、餓我體膚」，一下子我贏盡史無前例的注目。這經歷，雖令我進步，但我頗有微言，為什麼平日不瞅不睬不聞不問，一有事故就大刀闊斧亡羊補牢令我痛不欲生呢？

那是我頭一趟發現自己強大的能量，竟可以震盪整個社會！更重要的是，原來我除了屬於陰間，也是屬於人間的，要顧及社會的需要，人的尊嚴和喪親者的感受。我的天！這豈不太難為我了嗎？

就這樣我的一條腿，跨進了人間。

當一切回歸平靜，開始沒人對我指指點點的時候，我開始思考自己的位置。我雙腿跨越陰陽，放在我前面的，有兩條路：一是把伸出的腿縮回陰間，故態復萌，或把原先的腿一併踏進塵世，面對這社會。

少做少錯，不做不錯。我當然選擇了前者。

二

出錯遺體的事件過後，我把腿收回來，再次瑟縮一角，以為可以回復「棄嬰」的角色，「我走我的陽關道，你過你的獨木橋」。人間事，我不過問。

還我本色，令我安靜了一段日子，相安無事。

想不到疫情前幾年，有人看出我本性善良，加以培育或成可造之材，硬生生要把我的腿重新擺放。

事緣有喪親者向管理層投訴，殮房環境陰森冰冷擁擠，去殮房的路途幽閉陳舊，不尊重死者也羞辱家人；有人還表示移交遺體時員工把遺體肆意放在地上，家屬要蹲下辨別，如在街市攤開的死魚供人確認，缺乏尊嚴尊重，叫她痛上加痛……

喂，先生小姐，這裏是領取屍體的地方，我安裝了電腦資訊系統和 RFID，安全把遺體存放和送到家屬手上，不是盡了本分嗎？我做好遺體出入，就完成本分，怎麼還要求多多？又要尊嚴又要尊重，顧了遺體又要兼顧家屬感受，以為是街市買菜保證要「搭」棵葱嗎？

我正想抗辯，卻立時噤聲，因為也許我太傳統太保守又「宅」得太久了，已和社會的期望脱節，反抗只會遭唾罵，食古不化。

少説少錯，我於是靜觀其變，有興趣知道葫蘆裏賣什麼藥，竟發現被重新「定位」，除了負責遺體出入外，也要照顧喪親者的需要——殮房環境的設計要與時並進，讓人感受一份尊重，有殮房引入落地玻璃窗、自然光、安舒的傢俬和植物，也提供瞻仰遺體的服務，更在殮房加建小禮堂舉行「院出」儀式……這令我暈頭轉向，原來我也要注入「人性化」的思維。天呀，請各位高抬貴手，整頓別太激進，我這副骨頭受不了！

被委以重任，套用潮語，令我多了份「存在感」，這也不賴。啊，怎麼我會用潮語了？我竟與潮流接軌，與時並進了？

而令我吃驚的是，除了改頭換面外，某些醫院有人企圖褫奪我的名字，認為我落得「生人勿近」的田地，部分原因是「改錯名」，為了「去污名化」(destigmatisation)，也讓喪親者好過一點，就套上什麼「安息居」、「惜別間」的名字，令醫院的「殮房」壽終正寢。

我明白「正名」背後的苦心和用意——用上和生者感受掛鈎的「惜別」，以表達「珍惜、依依別離」之情。殮房既照顧屍體，又關心喪親者，這死亡的地方一下子有了新的思維和景象。好，我放遠目光，看他們能把我怎樣！新名字必須配合改變，如果「這裏只存放遺體對生者不聞不問」的本質不變，改名只淪為換湯不換藥，裝腔作勢「整色整水」，像明明是「劏房」卻改了個譁眾取寵的「豪庭雅苑」的名字，虛有其名，自欺欺人，更惹人恥笑反感，到時可能我又得把原名討回來！

改造工程進展了不足兩年，我還沒有站穩陣腳，就爆發了新冠疫情。

這場疫症，叫一切變天，殮房再次「生人勿近」。

天助我也，我又「重施故技」，從人間重回地獄。

我要名正言順，把原本「殮房」的名字討回來！

三

新冠病毒來襲，社交距離收緊，醫院實施嚴格防疫措施，原本打着「人文關懷」旗號的殮房，要偃旗息鼓。

於是，提供「院出」服務的禮堂關上大門，遺體瞻仰安排幾近停頓，出入殮房的人數只限四人，領遺體時不再親近互相擁抱，等候區靜悄悄的死寂一片，安舒的環境和傢俬沒人領受，淪為空洞洞的裝飾，如沒有靈魂的空殼。

疫情下，為了「民眾健康」，病人和家屬的苦難要靠邊站，哀傷要讓路，悲情要壓抑，喪親者的需要不合時宜。

殮房失去人文關懷，再次成為只擺放遺體的「死」地方。人文關懷顯得不堪一擊。

當我掩嘴暗笑還原陰間本色，一天赫然發現有些事情，已悄然改變。

疫情下，我有時收到類似以下的家屬來信。

致醫院病人聯絡主任及殮房員工

申請：使用小禮堂作送別儀式

本人的父親李好，身份證號碼 A112233（4），2 月 10 日於貴院不幸離世，現定於 2022 年 3 月 20 日上午 11 時在 貴院領取遺體後直接送往火葬場。

父親 84 歲，一生勞苦為家人付出，對家人十分愛護。晚年老伴離世而獨居，每日我都會與他電話聯絡以表關懷。疫情下女兒未能盡責任照顧，深感遺憾。

早前聯絡不上他，翌日登門發現父親半昏迷倒在地上，由救護車送往　貴院，住院三星期後搶救無效，女兒一直無法探望。

父親死前篤信基督教，住院期間一直盼望牧師可以探望，為他洗禮，惟願望落空。父親另一心願，是死後一切從簡，不想於殯儀館設靈，只在小禮堂舉行簡單的道別儀式，由女兒一家和牧師陪同下，走完最後的路。

父親並不是新冠確診者，離開時家人未能見他最後一面，所以懇請院方恩恤處理，借用小禮堂，讓我們與父親簡單道別，並安排小型洗禮，圓他的心願。

我們明白，疫情嚴重，告別儀式會儘量簡單，約半小時，避免長時間聚集，減少風險。

我們一家和牧師四人，都注射了三針疫苗，誠盼　貴院能體恤，我們定必遵守院方的規則與疫情下的限制。如蒙借出小禮堂，定必感恩不盡！

感謝殮房在疫情下對所有病患者的勞苦付出。

祝各醫護人員身體安康。

李好女兒李殷　敬上

電話：8765 4321

嚴峻疫情下，你會接受申請嗎？殮房的管制措施可以因此打開缺口嗎？疫情下談「惜別」，太奢侈了吧？

我在暗角處，看醫院員工如何愛莫能助，斷然拒絕喪親者的需要。

「李殷小姐嗎？我是醫院的病人聯絡主任。我們把你的小禮堂申請，交給殮房負責人考慮。經商量後，對不起，基於防疫原因，小禮堂無法開放，你的申請不成功。」

這不就是我的本色？

「噢，」女兒語氣流露失望，卻沒有訝異，似乎心中有數，納悶：「那麼老人家的心願，無法成全了。」

「不好意思，這是無可奈何的決定，請你們諒解。」

「真的沒辦法嗎？」

「唔——知道你的需要後，殮房負責人提出另一折衷方案，不知李小姐會否考慮？」

「是怎樣呢？」

「殮房同事見李小姐只有四人送別，而李伯伯又不是新冠患者，如果你們不介意，領遺體前可以讓你們在瞻仰室逗留一會，進行簡單的道別和洗禮，才送去火葬場。」

「瞻仰室？那是什麼地方呢？」

「瞻仰室的設計像單人病房，空間不很大，你們可以考慮。」

「這方面，我和丈夫與牧師商量一下，也想看看瞻仰室的環境。」

「關於參觀瞻仰室，你可以致電殮房主任詢問詳情。你有殮房電話嗎？」

「醫院小冊子上有。」

「殮房表示，只可以預留半小時給你們，時間不多，請見諒

——始終不希望人羣聚集太久，而員工也要時間清潔，騰出地方給其他家屬。」

「這我明白。半小時也差不多了。謝謝你。」

怎麼搞的，疫情下還站在喪親者角度，另覓方案？我感到困惑。

李小姐後來聯絡殮房主任，安排觀察瞻仰室，發現瞻仰室空間雖不大，佈置卻簡約優雅，四人共處一室更「親密」，小禮堂對他們來説反而太大有點冷清了。

就這樣，那天領取遺體前，家人和牧師四人在瞻仰室圍住父親，為他祈禱，牧師把水按在父親額上施洗，圓了父親的心願後，才去火葬場……

疫情下儘管限制重重，殮房仍可以既照顧遺體又關心喪親者的需要，「陽關道」和「獨木橋」，是否真如井水河水互不相干，還是可以「一地兩兼」相輔相成？

四

「早晨，醫院殮房。」

「我是張明彩 Grace 的家人，請問……可以來看看我姐姐嗎？」

「請等等，張明彩——唔，我看看，她是新冠病人嗎？」殮房服務員從紀錄簿上，得悉死亡原因為「擴散性乳癌」。

「不，從不。」

「如果不是新冠病人，我們可以酌情提供瞻仰服務。請問幾時和多少人？」

「Grace 入院兩星期，我和家人都不可以探望，今天在外國的一批親友剛到香港，想在出殯前來探望。疫情下有什麼限制嗎？」

「啊，瞻仰服務現時在人數和次數上都有限制。一星期一次，每次最多四人。」

「可以通融嗎？我們會儘量縮短時間，也會做好防疫措施。」

「我們理解。但這是醫院指引，始終太多人出入醫院，對你們對社會都造成風險。不好意思。」

「……嗯，唯有這樣吧。」

「請問你們幾時來？一共多少人？我需要先登記。」

「我們人數不多，十三、四個左右。」

十三、四個？剛才不是說好，疫情期間只可容納最多四人嗎？殮房服務員幾乎脫口而出，馬上轉個口吻：「啊，對不起，瞻仰室不大，只可容納最多四名家人，請你們安排最親的家人探望……」

「那我們每次四個、四個的輪流進去探望吧。」

「這有些取巧，不行啊。必須要指定四位瞻仰，我們需要記下名字。對不起，人數的確有限制。」

「這樣啊！」電話傳來失落的語氣，「四人太少了。」

「唔……你們全都想見張明彩？」

「其實還有些親戚正在酒店隔離，和在外國未趕及回港。大家都想見見 Grace，但疫情下航班很緊，又有限聚令隔離令，安排喪禮更諸多不便。親友和 Grace 在殮房瞻仰和告別後，日後喪禮的人數就不會太多，身後事就較容易辦了。」

「啊，原來如此……」殮房服務員頓了頓，「這樣吧，疫情期間我們容許視像瞻仰，方便無法親身來殮房探望的親友，包括正在隔離或在外地的親朋。當然，探望張明彩後，務必立刻停止視像功能。始終是醫院，要尊重私隱。這個安排你們覺得怎樣？」

「請讓我問問家人。」電話被捂住，仍傳來一陣騷亂，夾雜討論聲，「喂，疫情限制一星期只可以四人探望，視像探望好不好？阿宜在酒店隔離期間都可以視像探望Grace，不必等『放監』[註1]呀！」

擾攘之後電話再次接通：「唔，這也是權衡的方法，大家可以一起探望。」

「那麼你們幾時來？人名？」

「我們再商量一下，再聯絡你。」

「好，定下時間後早一天通知我們就行了。」

那是晴朗的一天，醫院大樓外的空地零散聚集了十多名親友，四人一組，而在香港甚至外國不同地方，也有親友提着手機，一邊看屏幕一邊説溫馨的話，唱着歌，揮手道別，聲音隔着空氣，經手機傳到瞻仰室內，鑽進張明彩的耳中……

註1：疫情期間，海外來港人士須在酒店檢疫隔離，不可離開，直至檢疫期完成後才可「放監」重獲自由。

殮房原來可以讓喪親者稍為釋懷，向死者好好道別，這讓我有一絲觸動。這地方，饒有意思。

疫情下我以為可以退回陰間不沾人間煙火，卻發現回頭已是百年身，「我走我的陽關道，你過你的獨木橋」只是一廂情願的想法罷了。

我的身體，出現了微妙的變化——半條腿無法抽離，藕斷絲連的留在人間。

五

這是一個令我無所適從、卻又奇妙的旅程。

疫情讓我知道，經過這麼多年，殮房有些發展，真的回不去了。社會的進步，已把我推向另一境地，強迫我適應，要我更新變化。

我像一名長者，再次撿起智能手機，不得不面對時代的轉變。

我嘗試開放自己，懷着探險的心情，重新發掘內裏的角色和潛能。2022 年底當第五波疫情成強弩之末，得知衞生署「沙田法醫學大樓」正式落成和啟用，我「嘩」一聲，訝異又興奮，料不到自己如此令人驚艷，原來殮房的「人間事」，是無法視而不見的。

「沙田法醫學大樓」是重置後的富山公眾殮房，摒棄了「殮房」名字，嶄新設計希望支援喪親家屬。這裏是「殮房」，但處處有「人」的關懷，「以人為本」—— 一踏進大門，就會知道這裏明顯不只是儲存遺體的地方。

我很難想像，自己可以耳目一新，變成這樣子 —— 大樓用上清水混凝土、木材、銅板和落地玻璃牆，採納自然光，透視室外的樹木和婆娑葉影，有時候還會看到雀鳥在玻璃牆外飛過或張望呢！等候區和接見室採用天然材料和暖和色調，寬敞的空間，予人一份難得的安恬寧靜。人與大自然，通過建築聯繫，形塑出簡樸肅然又有溫度的空間。死亡不也是自然的一部分麼？喪親者坐在椅上，思念故人，這環境可以直接紓解哀傷。

環境改變，是關心喪親者的第一步，原來管理層設計我時，除了死者，也兼顧哀傷的靈。這頗有心思，我想，有些轉變還是值得的，自己不該繼續墨守成規，也是時候與時並進了。

殮房「一地兩兼」是新鮮事，我是有期望的，畢竟不做棄嬰可以抬頭挺胸也頗威風！新環境新服務新思維，的確會令這地方很不一樣，殮房的人間事，日後的發展，我就拭目以待吧。

微光

平反

一

3 月下旬，春寒料峭，一股冷鋒南下，不足兩天，氣溫急降 10 度，迎來又濕又冷的日子。

四周罩起濃霧，像詭異的不速之客，圍堵一幢幢醫院的建築，景象若隱若現，迷離悽戚。案頭的面巾紙盒吐出的舌尖，被沾潤得皺巴巴的，走廊牆壁灑上薄薄的水幕，黃梅天不好受。

新型冠狀病毒疫情波譎雲詭，前路同樣迷離，叫人難受。

更令人沉鬱的是殮房的「屍滿之患」。第五波疫情來勢洶洶，滔滔波濤下擱淺的犧牲者，殺得醫護措手不及，這是場人和病毒慘烈而悲壯的戰爭。

戰線移至殮房。滯留的屍體，如氤氳的霧重重包圍殮房，佔據每一吋空間，令這裏陷入一片陰霾。殮房屍格的門打開又關上，冷櫃的空氣在牆上凝結成淚滴，簌簌地掉下來。

醫院盡最大的努力收拾殘局，到處張羅，幾經折騰終於添置了若干個貨櫃，放在停車場和行人路旁。我倚窗望向樓下聳立的貨櫃，員工運送遺體出入，如分散盤踞的軍事營地，我忖度這場戰疫幾時結束呢？

正值疫情高峰，超過七成的遺體屬新冠患者，被界定為「具傳染性」的第二類別，套上黃色標籤（黃標）。死者的遺屬，有的該是確診者或密切接觸者，正在隔離，辦理身後事該有阻滯吧？猝死個案急增，會不會有些親友身處外地未及道別，正趕回港，卻又因航班、檢疫和隔離問題，需延後舉殯？這些具傳染性的遺體，家人不能瞻仰，加上疫情下的限聚令，親友難以聚合，或會避免出席喪禮，令喪禮場面冷清，家人難受。一些殯儀館更會拒絕為遺體「裝身」（穿上服裝）和化妝，即使願意承辦喪禮，或會收取高昂的消毒費或「附加費」，為家人增添顧慮，大大阻礙喪禮舉行……

阻隔重重，遺體只好在殮房一等再等。他們要逗留多久才可以順利出殯？

種種防疫措施下，醫護和家屬被牽着走，人在這洪流中，顯得渺小和無力。

電話響了，是殮房主任的聲音：「陳醫生，有一件事，不知你願不願意、或可不可以幫忙？」說到「可不可以」處，他加重語氣。凝重的語氣，如霧氣壓下來。

一名八十多歲的老翁，感染新冠病毒後，併發肺炎，留院十二天後死亡，遺體早幾天昇送殮房。

女兒致電殮房，問我們能否為父親做病毒檢測，確認父親是否仍具傳染性：「爸爸獨居，兩星期前發燒氣促，我陪他入院，之後一直無法探望。病房告訴我，入院時 X 光照出肺炎，做了一次鼻咽拭子，證實染上新冠病毒，之後就再沒有消息了。那天深夜，醫院打電話來，說爸爸情況突然轉差，叫我馬上到醫院，但趕不及了…… 到醫院時爸爸已移送殮房，護士說醫生用盡方法救爸爸，本來病情有好轉，但最後多個器官承受不了，結果心臟衰竭不治。」

很典型的新冠感染死亡個案。女兒說時沒很大傷感，但不無遺憾：「我知道患新冠肺炎的病人，住院時家人無法探望，早打定輸數，大概連最後一面也看不到。醫護努力搶救，盡最大努力，我也沒怪他們，但我想知道，爸爸的病毒是不是已經清除了？我問護士，他們不置可否，只說入院時已確診。但那已是兩星期前的事了。」

我翻查紀錄，發現除入院時做過核酸測試外，住院期間就沒有再做了。父親的新冠最終醫好了沒有？新冠病毒雖然醫好，但身體器官七勞八損最終不治，有這可能嗎？這些疑問，成了女兒心中的刺。

要確定一名病人體內有沒有病毒，就要打開屍袋，探入鼻咽取樣。老翁入院時是新冠患者，近距離接觸做檢測始終有風險，對女兒的請求，我有點為難，納悶：「女兒主動打電話來，想我們為父親取樣，背後該有迫切的原因吧？」

殮房主任告訴我：「女兒慨歎，如果她爸爸不再具傳染性，就可以來殮房探望他，身後事也容易處理多了。」頓了頓，歎息：「生前無法探病，死後也不能望一眼，就這樣分別了。」這唏噓句，不清楚是出自女兒還是殮房主任。

由於沒再做檢測，老翁就一直被標示為「新冠患者」，黃標對家屬辦理身後事影響極大。

老翁入院超過十天，家人想為遺體「平反」，好安排後事，容易理解。

但出現一個問題。

我告訴殮房主任，為遺體的傳染性分類，屬病房的決定，殮房很難左右：「要跨部門和病房討論，對方同意後，才可以進行，這有關卡啊！」

殮房主任「嗯」一聲，露出失望的眼神，為遺體重新分類，的確要知會病房。

但他想了想，用指頭推一推眼鏡，說：「陳醫生，你還記得一個月前的那宗死因裁判法庭個案吧？病房最後也為遺體更改類別啊。」

二

那是一個月前的事。

一名癌症婆婆入院，本來住進非隔離病房，但由於鄰近病人確診新冠病毒，被視為「高危人士」，屬密切接觸者。

為保障其他病人，婆婆被移送至隔離病房，立時檢測了一次，陰性，但未及再檢驗，第三天就因肝炎離世了。

由於婆婆屬高危人士，醫生無法排除她被感染的可能性，為安全計把遺體界定為「具新冠病毒傳染性」的黃標。

個案轉介死因裁判法庭跟進。為釐清死因，病理科醫生接見家屬後，為婆婆做鼻咽拭子，進行核酸測試。

半天後結果出來，確定陰性——婆婆並沒有受新冠病毒感染！病理科醫生為此聯絡病房，告知結果並建議把遺體轉為「藍標」——即非傳染性的「第一類別」。

病房從善如流，為病人平反，在電腦上轉為「不具傳染性」，再通知醫院的死亡登記處跟進。

家屬知道結果後，如釋重負，可以到殮房探望母親，近距離接觸和瞻仰遺容，理順喪禮事宜，藍標對他們是很大的安慰。

「現在老翁的情況不同。上次的婆婆是密切接觸者，死前並未確診新冠病毒，又轉交死因裁判法庭跟進。為研究死因，病理科醫生必須為婆婆檢驗，病房不會有異議，也願意配合。但這次老翁入院時，確診新冠肺炎，死後界定為黃標，程序沒有問題。病理科介入，要求病房『改標』做法並不尋常，病房甚或會感到冒犯，未必樂意為病人特別安排，更新資料。」我向主任解釋。

殮房主任看出問題癥結——老翁個案屬自然死亡，無需呈交死因裁判法庭，病理科醫生也沒授權研究死因，貿然行動會令事件變得複雜。

這是頭一趟家屬請求我們為死者「平反」。絕大多數患新冠的病人，臨死一刻都沒做檢測，他們體內的病毒清除了嗎？仍是新冠帶菌者嗎？這相信是許多家屬的疑惑，類似老翁的情況，並不罕見。

我和殮房主任沉默，女兒要求合理，情詞懇切，直接拒絕她於心不忍。

「既然我們都想幫女兒，不如嘗試問病房，看他們願不願意幫忙吧。」我建議。

「至少了結她的心事，我們也心安理得。」

「還有一個前提，殮房同事願意為老翁取樣嗎？畢竟是確診病人，取樣或有感染風險。」

殮房主任想也沒想，答：「這點我早考慮過了，不必擔心。我們同事連新冠死者也解剖過，取樣是小兒科，問題不大。」

「謝謝。」

三

一小時後，殮房主任聯絡我。

「陳醫生，剛問了病房，病房說，無論我們的檢測結果如何，都不會更改類別。」

這屬預料之中。病房的決定不難理解——遺體的類別是死時的專業判斷，現在遺體存放殮房數天，要求醫生根據死後的化驗結果更改紀錄，是很特殊的安排，而且此例一開，豈不也要為每具遺體檢測，請病房更新？如是運作就會大亂了，殮房也沒有足夠的人力物力去為每具遺體檢測。病房憑什麼要貿然為死者平反呢？

「再說，人死後病毒量會日漸減少，如果死者今天陽性，家屬不服氣，一星期後又要平反，這樣做下去也不是辦法。」我補充。

「這麼，維持黃標是無可奈何的事啊。」殮房主任嘀咕。

我問：「女兒知道後，反應怎樣？」

「當然有點失望，但由於早有心理準備，情緒不致太差。」

疫情下，喪親者面對種種限制，會把哀傷壓抑，我訝異許多喪親者，縱使有許多的不如意，情緒也不多宣泄，更不會作出激烈的抗議。

「但她提出一個要求——希望可以見爸爸一面，問我們可否幫忙。他很久沒見過爸爸了。」

「嗯，瞻仰遺容，這個⋯⋯」我猶豫，接不上來，「的確有困難。新冠確診的死者，由於存有病毒，建議不可以瞻仰。」

「我也這麼認為，但女兒苦苦哀求，也真可憐——」殮房主任流露惻隱。

我體諒家屬生前無法見面、死後也不能瞻仰的辛酸，連說聲再見的機會也沒有。

「是否真的愛莫能助了？」

我忖度，提出可能性：「如果我們先幫老翁檢測呢？確定陰性後，證明老翁體內並不存有新冠病毒，或可以讓女兒探望。這就可以保護同事、家人和社會了。」

「也是說，陽性的話，就不可以瞻仰。」

「這純屬內部安排，無論結果如何，都不必驚動病房，也不會改動遺體的標籤。」

「明白。」

我們決定，為了讓女兒瞻仰父親，安排老翁做鼻咽拭子檢測。

「為新冠死者做鼻咽拭子取樣，我需要一位殮房同事幫忙。」

「這我可以安排。」

「謝謝。請你通知女兒，先取得她的同意，讓我們為父親取樣，也告訴她，要有陰性結果後，我們才可以安排探望。」

「如果沒問題，明早我們把遺體推進解剖室，那裏的換氣和負壓設施齊備，安全一點。」

「好，明早十點，解剖室見。」

四

第二天我一身保護裝備，踏入解剖室時，遺體已躺在解剖桌上。

一個塑膠面盆，盛滿漂白水，放在桌上。殮房技術員阿建把一條毛巾，浸在面盆裏，抽起，擰乾，用蘸上漂白劑的濕毛巾，揩抹屍袋表面消毒。

遺體由雙重膠袋裹着——外層灰色，內層透明。外層灰色膠袋上附有黃色標籤，表示屬傳染性的「第二級別」，還大剌剌的寫上「Covid-19」字樣。我核實貼在膠袋表面的名字和身份證號碼後，與技術員一起用濕毛巾拭抹屍袋。

新冠病毒在塑膠表面可存留幾天，在冷藏環境存活更久，我和阿建都分外小心，把袋子表面每方寸都來回揩抹，把可能沾上病毒的地方徹底清潔，尤其是拉鍊附近。我像一個瞎子，掌下隔着凹凸不平的膠袋，感受到老翁的臉、挺拔的鼻、瘦弱的肩膀、身軀和四肢。

拉鍊位於灰色膠袋邊緣位置，我打開拉鍊，L 形轉彎後揭起一角，如打開文件夾，裏層的透明膠袋暴露眼前。由於水氣凝聚，老翁的樣子看來有點模糊不清。

女兒為父親辦身後事，前路也一樣迷濛吧？

我和阿建又用沾了漂白水的布巾，把灰色膠袋底面和透明膠袋表面清潔兩遍。

透明膠袋下，老翁戴上口罩，安詳的睡着。我和阿建隔住透明膠袋，挨近病人的手帶，再次確實身分。

膠袋內的水氣，總令人發毛，這藉飛沫傳播的病毒，會匿藏在這些水氣中嗎？我打開透明膠袋，僅露出老翁面容，為老翁除下口罩，他的口微張，薄薄的嘴唇內縮向口腔，嘴角的縐紋和眼角的魚尾紋錯綜連接。這兩三年來，由於口罩遮掩，我已少看到皺摺的嘴臉了。

他的臉凝結水點，嘴唇留有唾沫。我再次擰乾浸滿漂白劑的毛巾，輕輕揩抹他的臉一遍。

阿建這時已為我準備好鼻咽拭子，把封口打開，待我從包裝袋中抽出拭子。我要用最短的時間，從老翁的鼻咽取樣。

我把長長的拭子探進老翁的鼻腔，棉花棒沿着鼻腔外側壁的下鼻甲處長驅直進，觸碰到一堵牆，我知道這就是鼻咽壁了，於是在牆壁上下左右揩拭。

當我抽出棒子時，驚訝棉花棒端泡滿了濃稠欲滴的涕液，半白暗黃。拭子如此濕潤，「垂涎欲滴」，我還是頭一趟見。病人生前死後一直躺着，鼻咽深處成了低谷盆地，承載着大量分泌液體形成湖泊吧？我小心翼翼的慢慢移動，準備把棉花一端放進培植液中，冷不防兩滴液體滴下，濺在老翁的下顎處。

阿建的眉頭皺了皺，趕緊用毛巾清潔，彷彿是釋放大量病毒的溫牀。

我取走拭子，走開，處理好樣本後，回頭，阿建已為老翁的臉清理乾淨，問我要不要為他戴上口罩。我見口罩污染了，而且對於死去的人，口罩並沒有實質保護病者和他人的作用，就說不必了。阿建把口罩摺起，棄於收納傳染性物品的垃圾袋中。

之後我們拉上透明膠袋，清潔後封上外層的灰色膠袋，再次消毒表面。阿建把遺體送進屍格冷藏，就大功告成。這時我的手術衣的背部，被汗沾濕了大片。

卸下保護裝備，回到辦公室，幾小時後化驗有了結果——老翁體內仍留有新冠病毒，而且病毒量頗高，死後樣本檢測，證實老翁沒有完全康復。

我把結果告訴殮房主任。

「啊，陽性。殮房不可以讓女兒瞻仰死者了。」兜兜轉轉，一切還在原地，他有點失望。

仍是黃標，仍不能瞻仰，幾經努力，我們都無法扭轉什麼。

疫下有太多悲哀，人的力量很微小。

我請主任把結果告訴女兒。

第二天，我跟進女兒的情況，

殮房主任神情輕鬆：「啊，女兒知道結果後，安然接受，沒再堅持見爸爸一面。」

「嗯，她不失望嗎？」

「她明白事理，還不停多謝我們，說麻煩我們很不好意思。」

「或者早做好最壞的打算吧？……對，請替我再多謝阿建，辛苦他，白做一趟。病毒量高，請他這幾天留意身體啊。」

「陳醫生，別客氣。他上星期解剖的新冠肺炎病人，病毒量更高！阿建做事好小心，沒事的。」殮房主任補充，「女兒還說，知道殮房爆滿，會儘快辦理身後事。真好人！」

我鬆口氣。女兒耿耿於懷的，該是父親死時是否仍然有病毒吧？父親的新冠病毒，是否醫好了？這是她心中難解的結，當知道真相後，釋去顧慮疑惑，就能安然接受疫病下的重重限制，走往後的路了。

幾經轉折，那天女兒默默領走父親，直接去火葬場火化。

儘管無法再見父親一面，儘管安排殯葬事宜障礙重重，她沒有埋怨，沒有掙扎和猶豫，走得踏實而堅定。

目送女兒和父親離去，我和殮房主任都釋懷，大家盡了力，心安理得，無怨無悔。

黃標仍舊，膠袋依舊密封，遺體的處理和限制不變，但原來已有一點不同。

我們慶幸，努力沒有徒然。

備註：2022 年第五波疫情嚴峻，死亡人數飆升，為更有效掌握因新冠病毒引致死亡的人數，同時梳理身後事的處理，醫院開始為感染新冠病毒後死亡的病人，死後即時做快速測試；如果結果屬陰性，就界定為非傳染性的「藍色標籤」，釋除家屬疑慮，也理順了殯葬事宜。隨着新冠病情的演進，2023 年 1 月底起，政府更將新冠死者遺體由第二類的「黃標」下調至第一類的「藍標」，遺體因此可以「裝身」和化妝，大大方便身後事的安排。

下卷

我　們　的　一　課

畢生難忘

2019 年至 2022 年這三個年頭，對我而言可說是非常漫長的三年，我在期間經歷了人生多件大事，定必畢生難忘。

2019 年疫情前，我和女朋友早已籌備了婚禮，不幸疫情爆發，婚宴日子因疫情措施一改再改，我倆唯有先簽紙註冊和度蜜月；料不到在旅行回港前的兩天，政府突然收緊入境條例，凡從外地來港的人需要隔離十四天，一聽到此消息，我倆立即搶購機票，希望在措施推行前回港，當然失敗而回。就這樣，我們被迫留在家中，放了一個自求學期後未嘗過的長假期。

其實我是有點內疚的，因為我大部分的工作都不能在家辦理，唯有依靠一班好同事代辦。「放監」之後，措施一收再收，結果我們的婚宴幾經改期，終於在一年多後才辦好婚禮。在這時期，我倆經歷了不少煩惱和壓力，不過我常常安慰自己和太太，這是一些點綴，令我們的婚姻充滿特別的回憶，難以忘記！

2020 年，疫症不似預期般兇狠，不知是否嚴謹的防疫措施令疫情受控？或是香港人經歷過沙士一疫，大家對基本防疫有了底子，「吃過夜粥」，不是那麼容易被打垮，大家腦海中該還記得戴口罩、勤洗手、1 比 99……吧？而太太亦在此時懷孕，雖然過程中要面對種種擔憂和困難，但在疫症的低氣壓中，為我們一家添上歡欣。2020 年尾，囡囡順利出世，那時剛好產房放寬措施，爸爸可入內陪產，迎接新生命的經歷很震撼很難忘。囡囡的來臨，令我們一家人都暫時忘記疫情帶來的困擾。

2021 年初，疫情轉烈，全世界人心惶惶，囡囡在這亂世下誕生，找人照顧殊不容易，幸好有兩大長老「護花」，他們無微不至地照顧太太和囡囡，使早出晚歸的我可以放心在戰場上與同事對抗病毒。

做好自己　問心無愧

相比「沙士」，這一仗可說是天淵之別，感染的人數、離世的數字和疫症肆虐的日子，無一不是幾何級數的差別，還記得第五波來臨的時候，遺體存放的數量和日子每天都在激增，背後原因很多，例如葬禮設施、參與葬禮的人數限制、棺木供應短缺、火葬爐服務供不應求、遺體不能返回內地安葬、對病毒的誤解，甚至一些家人因疫情而恐懼前往醫院領取遺體等等……由於遺體存放數量和日子急增，殮房員工的工作量增加了很多，工時亦與日俱加，真要多謝瑪麗醫院殮房的兄弟姊妹們，全因他們毫無怨言，在沒有任何津貼之下，每天加班二至三小時，目的都是為死者和部門付出，希望部門能撐得過去，敬業精神可嘉。

起初大家都士氣高昂，相信逆境很快過去，頂多一會吧！大家都等待戰爭完結的一天；但曠日持久，不久後那團火被撲滅得奄奄一息，令人氣餒。猶記得一天晚上，差不多將近八點了，當我和幾位同事完成工作準備離去，一個電話劃破寧靜的辦公室，來電者很緊張地說醫院急症室面臨大危機，黑箱車服務因情況而無法運遺體至公眾殮房，令大量遺體滯留急症室，需要將遺體先轉移到醫院殮房暫存，為數約四十具，但當時殮房的存放量已經飽和，而且那刻我們人手只剩下兩男兩女！

不過大家商量後，都認為這些遺體要妥當存放，讓急症室騰出空間為病人診治，病人亦無需因附近有遺體而害怕，所以我們都願意伸出援手；當同事有了共識後，便開始下一步的部署，包括人手安排、搬運細節、屍格調動、遺體的核對和責任等等……這要增添人手，但醫院其他部門都分身不暇，何來支援？大家當時面面相覷的表情，我還記得一清二楚。

我唯有將情況告知陳醫生和上司。我們殮房同事四人剛搬運了十二具本院遺體，需時約三小時，現在如要處理四十具遺體而又沒有援兵之下，通宵搬運都無法成事，在各方一輪極力協調下，終於成功從支援部調配幾名員工幫手。為準確核對身分，我亦堅持急症室員工在場核實交收遺體，確保沒有錯漏，同時在院長體恤下，特別獲批加班津貼……萬事俱備，惟搬運四十具遺體，在緊絀的人手下，始終難以完成，我亦擔心員工的職業安全，畢竟他們已由早上六點工作了超過十四小時，體力透支，所以經院方評估後，先轉移十六具遺體，之後再逐步疏導。

幾經努力，總算在晚上十二時完成搬運，其餘的留待明早繼續。停下來時，大家的肚子也打起鼓來，才發現仍未食晚飯，不過大家都選擇趕回家，明早六時繼續工作，我把大家一一送回家後也飛快歸家，回到屯門住所時已是凌晨一點半了。匆匆洗個澡，望一下酣睡中的太太和囡囡，我也抱頭大睡。鬧鐘響起，清晨五時，在充滿霧氣的公路上飛馳，猶如仙境，但半小時後又折返地獄。

回到殮房，同事已在搬運中，頓感慚愧，立刻加入抗戰陣線……就這樣日復日，一搬就搬了近兩個月。看着囤積的遺體，心裏總是酸溜溜的，我們已盡力增加設備安置遺體，亦從一些非牟利機構獲得物資保存遺體，但遺體總是入多過出，大家彷彿看不到盡頭似的，開始感到沮喪；況且還有好多來自不同渠道的言論、新聞、網上討論等，令大家都生氣非常……

那時，我只向同事們說了一夕話，希望他們可以釋懷：「從來殮房既工作就係咁，雖然呢幾年有好多有心人做咗好多工作和宣傳，將殮房改頭換面，令外界接觸多咗呢個神秘地方，想將佢透明化，亦想講俾人知你哋嘅工作唔簡單，但係呢度始終係面對唔開心嘅地方。我哋不似病房，病人出院開心，媽媽生仔又開心，我哋面對嘅和處理嘅都係『離死別』，我哋只要做好自己，問心無愧，咪係最佳員工囉，起碼我覺得你哋係。開心啲啦，大把遺體要我哋照顧叮，咁鬼忙，好快就一日，好快就過㗎啦！」就這樣大家又闖過一關，當然要加些適當的奬勵啦。

這些日子，我們共同進退，每天起碼朝六晚九，收工後同事們一齊去華富邨晚餐，為什麼？因為那段時間晚市禁堂食，好多食肆一早關門，幸好這麵檔營業到十二點，我們總算有餐安樂茶飯吃。而老闆娘知道我們的工作後，每次都在分量上奬勵我們，多謝我們的付出，我們亦好多謝她的支持和慷慨，雖然知道她好想和我們聊多一會，但每次我們總是匆匆離開趕回家。到今天，住在邨內的同事每當經過該麵店，老闆娘還記得她，叫我們多來探望。

另一慶幸的是，雖然這段日子早出晚歸，甚少和我的寶貝囡囡共聚，但她沒有把爸爸忘記，而且太太身體也漸漸調理好，全家人都總算平安渡過，整整齊齊，是很感恩的事。

不久後，黑箱車的問題總算解決，政府租用殯儀靈車把囤積在各大醫院、數以百計的急症室遺體運送到公眾殮房，醫院殮房總算鬆一口氣，幾經努力，所有遺體終於逐一離院。

人命重要，疫情下走的人孤單，留的人悲痛，如果處理遺體不當，會令家屬再添傷害無法釋懷。當漫長的疫情過去，相信好多人心中都有疑問，究竟病毒從何而來？第五波的防疫措施是否有效等，問題並不容易有答案，我只希望相關的各部門經一疫長一智，當下一仗來臨的時候，可以更有經驗應對，讓生死兩安。

潘俊傑
殮房主任

疫情下的生死大事

2022年新冠肺炎第五波疫情的死亡人數高達9,200多人。這不僅僅是一個統計數字。每一宗死亡個案，都是值得被尊重的寶貴生命，都有家人和朋友愛惜。然而在世紀大疫症當前，想帶着尊嚴離世，與至親好好道別，卻是何等艱難！

疫情最嚴峻時，醫院急症室滯留大批病人和未及處理的遺體。不少老弱在戶外捱着淒風冷雨，通宵候診。好不容易進入急症室接受初步治療，身邊和腳下卻是一具具包着膠袋的遺體，令人不忍卒睹。從病倒、入院到離世，不少病人在如斯惡劣的環境下撒手塵寰，往往無法與家人見最後一面，死後遺體又未及妥善安放，連串不幸對喪親者造成難以磨滅的傷痛。在這危難時刻，我和「毋忘愛」的同事都費煞思量，希望出一分力幫助市民渡過難關。

生死是大事，急市民所急

疫情嚴峻，社會各公共服務以至與殯葬相關的服務也受到極大限制，面對悲慟無助的喪親者，「毋忘愛」上下感受尤其深刻，刻不容緩；我們努力反覆尋找方案幫助逝者及喪親者，最終我與同事制定了多項工作應對當前困境：一）捐贈環保棺木及遺體保存劑到醫院及療養院；二）設立「聯繫愛」熱線，為喪親者解答遺體認領及殯葬等難題，以及提供哀傷輔導；三）彌補瞻仰遺容儀式及加強在家離世服務。

由於在疫情顛峰時期，政府遺體處理及殮葬服務遠超負荷，同時內地又因疫情封關而截斷棺木供應鏈，導致本港一度鬧「棺材荒」。本機構遂發起環保棺木及遺體保存劑捐贈計劃，幸得社會各界有心人熱心響應，捐出逾百副環保棺木及遺體保存劑予多間公立醫院及療養院以解燃眉之急，為逝者保留尊嚴，同時避免家屬因遺體處理不當而遭受二次傷害。

疫情下不少港人陷情緒低谷，社會瀰漫一片愁雲慘霧，喪親家屬更苦不堪言。然而醫院及殯葬服務淪陷，家屬久久未能認領遺體及安排火化，徬徨無助，如坐針氈。有見社區普遍對喪親者欠缺支援，「毋忘愛」聯同香港紅十字會破天荒合作設立「聯繫愛」熱線，為疫情下喪親家庭提供哀傷輔導及處理殯葬的相關求助。在有限的資源和時間下，兩個機構僅用上一星期就完成商討和分工，經過與義工團隊的演練，便正式提供服務。

陪伴，不讓他們孤單

熱線接獲的查詢大多有關遺體處理及環保棺

木，部分需要轉介接受哀傷輔導。仍記得一個基層家庭中兩名長輩先後不幸染疫離世，獲安排兩副免費環保棺木後，家屬精神心理壓力登時大減；事實上不少家屬未及處理自己的情緒，就要肩負主理逝者後事的責任，頓感焦慮和無助。我們設立熱線的目的，是希望與這些家屬並肩同行，同工及義工細心聆聽及持續跟進每一位尋求協助的人，除了安排好殯葬服務之外，更會提供資訊協助他們解決第五波疫情下在生活上遇到的難關，共渡時艱，達到生死兩安！

社區方面，機構幸獲一批默默貢獻社區的醫生協助，提供視像診症予曾經接受機構服務的家庭、離島居民和社福機構長者。其中基督教服務處九龍東的探訪隊更為區內十多名確診的長者及照顧者提供上門送飯服務，並教授飲食管理及家居清潔等知識。「毋忘愛」亦善用「醫護行社區藥房」在疫情期間建立的一套處理新冠病癥的資料，發放給有需要的社區人士及合作機構，並轉介有需要人士至社區藥房獲取廉價應急的藥物。

好好道別不能少

傳統上港人對「最後一面」非常重視，惟疫情期間醫院取消探訪，很多家屬未能在至親臨終時陪伴在側，沒機會説想説的話，甚至有很多家屬在親友入院到離世時，一面也未能相見！加上不能為確診者舉行瞻仰遺容儀式，使很多家屬無法釋懷，痛上加痛。故此「毋忘愛」因應服務對象的需要和意願，將逝者的遺照印在環保棺上，儘量做到接近瞻仰遺容的儀式，讓家屬聊表哀思及完成「四道」儀式（道愛、道謝、道別和道歉），盡可能彌補未能見最後一面的遺憾。

在家離世的嘗試

疫症期間的種種困境促使更多港人意識到在家離世可能是更好的選擇。

根據 2016 年香港大學、中文大學的社區調查研究，約 30% 受訪香港人希望「在家離世」，但實際上市民因為對服務認知不足及社區支援貧乏，最終選擇在家 / 居處離世的家庭少之又少。了解到社區對「在家離世」服務需求殷切，「毋忘愛」自 2017 年起為本地家庭提供在家離世服務，亦為私家醫生團體和醫院、非牟利社福機構提供有關培訓，持續培育多位熱心的醫生，令其掌握服務的安排及運作，包括提供臨終照顧和離世後上門簽署死因證明文件等，支援在家離世的家庭處理後事，讓臨終者在熟悉的環境、家人陪伴下渡過人生最後一段路。

機構在第五波疫情處理不少在家離世個案，大多為年邁長者。我們定期派醫護上門跟進病人狀況並支援家屬，讓病人在至親的陪伴下好好道別，安心離去。

我曾經上門探望一位病重的長者，當時他狀態好轉、精神不錯，家人即日為他「加餸」慶祝，豈料兩天後驟然離世。生死無常，我們只能活在當下，把握與至親相聚的最後時光。相比醫院和院舍，在家離世往往更能切合病人和家屬的需要。

醫科生的生命教育

在三年疫情期間，我一直堅持提供生命教育及各種臨終服務培訓予院牧、院侍及各社區服務機構，想不到 2022 年有近四十位香港大學五年級醫科生來仁濟醫院學習臨終服務。回想自己學生時代並無接觸臨終服務及生命教育的機會，感到香港大學醫學院獨具慧眼，能夠建立這樣的學習平台，回應現時社會對臨終服務殷切的需要。

現時大部分病人都在醫院離世，在家離世尚未普及，而「院舍離世」即使在法例修訂後能否順利執行及實踐仍是未知之數。急症醫院可提供的臨終紓緩服務有限，遇到的難題挑戰也多，全港臨終紓緩病牀更少得可憐，只有六百張左右。我相信很多服務是可以改善及提升的，而我的目標是讓四十位未來的醫生明白儘管是一小步，對於臨終病者及其家屬卻是一大步——步向善終。

醫院管理局於 2017 年之研究顯示保護個人尊嚴、在熟悉的環境中有親友陪伴下離世及控制好痛楚是「死得好」的重要元素。死亡是醫學教育的重要一環，要讓學生深入了解，自然要透過直接探訪臨終人士及其家人。

很多醫科生一時間未能調節自己，往往利用「正常的望聞問切」式交談，效果自然不佳。能夠在初期一兩次接觸便能夠建立互信良好的溝通狀態，殊不容易，可喜的是有學生做得到！

學生們必須掌握如何「講好生好死」，包括如何在急症病房得到紓緩治療，與末期病患者及家屬探討臨終安排，了解臨終人士痛楚程度，如何適當服用止痛藥，排除對止痛藥的誤解及迷思以控制痛楚，這些都能為病人和家屬帶來莫大的安慰。

有位婆婆因末期膽管癌引起黃膽病，幾位子女都渴望完成婆婆心願帶她回家，但是他們作為照顧者，處理引流管時十分徬徨，因婆婆可能拔出引流管！學生的醫學知識，可減輕家人在家照顧的負擔，亦能促成居家臨終照顧的可能，如有什麼症狀可透過紓緩治療來解決，婆婆的案例也可以用金屬內置膽管支架去取代外置式引流系統等。

長者回家後，學生們明白透過醫務社工或病房護士，提供不同社區臨終服務資訊，包括在家離世。這次探訪對於醫科生來說，不僅是一次實踐仁愛與關懷的機會，更是醫學教育中關於人性、患者需求和溝通技巧的珍貴實踐。這經歷將對他們未來的職業生涯產生深遠的影響，裝備他們成為更具同理心與專業素養的醫生。

看着學生關顧臨終人士的生活，和他們回顧人生、圓夢、安排身後事、處理遺物等，並且願意聽病人和家人心底裏的恐懼、真心誠意的分享，最後促成臨終者簽署預設醫療指示、轉達重要信息給家人和渴望見到的親友等，我感到很安慰。

在艱難時期，人們需要彼此支持和鼓勵，共同渡過難關。探訪成為一個橋樑，連接了不同年齡、背景和經歷的人們，共同面對生命的挑戰，也展現了跨專業合作的力量。我在此要讚賞接觸末期膽管癌婆婆的同學們，他們改變了一個家庭的人生軌跡，因為透過交談讓家人了解完成心願的重要，安排在澳洲讀獸醫的孫女趕回香港，陪伴心愛的嫲嫲，在家走完人生最後一程。

范寧醫生
外科專科醫生
「毋忘愛」主席
香港大學榮譽臨牀助理教授
香港中文大學榮譽臨牀助理教授
香港中文大學賽馬會公共衞生學院導師
賽馬會安寧頌公眾參與專責小組成員

疫下的殯儀與告別

回望本港第五波疫情，高峰始於 2022 年 2 月中至 4 月中之間，尤其 2 月中曾經出現先人遺體在醫院及殮房未有合適擺放、病人在 10 度以下的寒風中於醫院外通宵露宿等候的情景，仍歷歷在目。當時各前線醫護人員及病人的無力感愈加沉重，先人亦不能好好安息，反映了香港公立醫療系統在緊急情況下的「脆弱」，尤其全世界經歷兩年疫災後，本港仍未準備足夠的傳染病隔離設施和疫災應對，使逝者不能一路好走之餘，死後亦未有安身之所，使不少遺體進一步腐化，為喪親者加添傷痛和遺憾。

筆者的專業為英國註冊遺體防腐師及殯儀社企創辦人，在 2022 年 3 月至 4 月期間，工作量大增，人手短缺下，兩個月內連續工作，為喪親者奔波，希望加快儀式進度及火化等程序，可惜仍見到不少遺體出現霉變，導致無法辨認，不宜給家屬作最後的「瞻仰遺容」。雖然在 3 月中時，食環署終陸續加開冷藏貨櫃及火化爐，但仍追不到遺體飽和危機，而且前線殯儀從業員、食環署運送遺體、醫院殮房、衞生署公眾殮房員工亦因染疫而人手短缺，導致遺體積存，造成嚴重公共衞生風險。

給親屬帶來多重傷害

從 3 至 5 月份的「網上預訂火葬服務系統」可見，食環署火化場由往年約每天 130 至 150 節火化，增加至每天最多 320 至 340 節。雖然火化場在某些日子會出現不少空位，原因是不少家屬按傳統通勝擇日，因而不會選擇忌日所致。亦有一些個案的直系喪親者，在原本火化的日子前染疫，需要取消有關約期，為免不能見先人最後一面而有所遺憾，結果令遺體滯留醫院殮房或公眾殮房。

在 3 月份疫情風高浪急之際，本港更一度出現各種殯儀物資不足的情況，喪親者的焦慮情緒難安。期間除了醫療系統出現問題，染疫去世者的遺體亦得不到妥善處理，公眾殮房爆滿，富山殮房外近五十個臨時貨櫃內，遺體層層疊及變壞腐化情況令人慘不忍睹，喪親家屬遭受疫症下的二次或三次傷害。

讓逝者走得有尊嚴

經此一「疫」，本港的感染新冠肺炎而死亡的人數已接近一萬人，突顯了醫療資源不足，作為民生需求最末端的公營殮葬服務及設施，資源更少之又少。尤其公立醫院、公眾殮房及火化場，多年來在「死亡旺季」時，使用率長期高企或超過 100%，但問題仍沒有獲嚴肅正視。筆者所見，在下一次緊急醫療及人亡災難等公共衛生危機來臨前，政府有必要檢討現行的殯葬政策及殮房處理標準，包括擴大公眾殮房規模、改善醫院殮房的小禮堂設施、加速認領遺體及死亡文件的流程，甚至興建公營的殯儀館及加入現代化管理、改善各醫院殮房及公眾殮房設施、冷藏溫度長期保持攝氏 2 至 4 度、增加殮房空間及火化爐等。

處理好遺體不單止是公共衛生問題，亦會影響死者家屬情緒。在今次的天災人禍之下，不少喪親家屬受到嚴重的情緒創傷，故此應該加強規劃應變，靈活調配人手，以便在死亡數量大幅增加的情況下，能加快遺體認領的流程，避免讓親屬要苦等半個至一個月之久才能見先人最後一面。政府往後更應增加情緒支援服務及綜援人士的殯葬資助金額，在疫情的教訓下重新檢討災難應對機制。日後讓逝者靈魂得慰藉，家屬能安心走過這哀傷路。

讓生者心靈得安慰

疫情最嚴峻時期，為儀式作出取捨十分困難，在考慮身後事方面，家庭成員需同心以先人遺體保存得宜為優先，減少考慮擇日及等候各親友齊集；儀式以簡約得體為主，務要幫助家屬能健康地表達情緒、關注如何向逝者告別及保持情感連繫，例如在儀式中以不同方式多一些敍述先人的生命故事，多點個性化及協助喪親者悼念的設計，在患難中輔助親友好好告別。

業界培訓　支援老弱及基層

在這時期筆者為多個長者服務的慈善團體提供了服務及培訓，包括聖雅各福羣會「後顧無憂規劃服務」、聖公會聖匠堂「聖匠殯葬基金」、贐明會「香港賽馬會社區持續抗逆基金（II）計劃——哀傷輔導」、家福會「預設照顧計劃——身後事計劃」等。見證着這場災難下，基層家庭及獨居老人的各種喪親支援服務需要，尤其是減省殯儀上不必要的程序及開支，同時為喪親家庭提供適切情緒支援，從殯葬服務過程中，關顧全人的身心健康需要。

最後，面對未來的人口老齡化和傳染病大流行，希望政府未雨綢繆，在殮房與殯葬等方面早做準備，讓逝者走得有尊嚴，讓生者心靈得安慰。希望民間及政府在疫後多推廣生死教育、改善安老及善終服務的水平及資源，多加支持醫療、社福機構及殯儀業的同工，為將來可能再次出現的「疫境」，提升社會真正的抗逆力。

伍桂麟

英國註冊遺體防腐師

殯儀社企「一切從簡」創辦人

（原文刊於《松栢之聲》第五四二期）

疫境中的喪親者：誰為誰點燈

隨着人口老化，香港每年的死亡人數一直在穩定和緩慢地上升。根據政府衞生署的統計，2001 年本港有 33,305 人去世，直到 2021 年則增加至 51,536 人去世[註1]，即是平均每日大約有 140 人死亡。但在 2022 年 3 月，第五波疫情爆發的最高峰期，每日大約有 250 至 300 人去世，而且當中大部分為長者。這些每日多出的死亡人數令香港出現數十年來都未曾發生過的情況，包括殮房爆滿、遺體放在急症室地上、棺木不足，甚至需要在公眾殮房外擺放貨櫃作臨時殮房。在這段期間，有喪親家屬曾經歷遺體不知所蹤而徬徨無助，亦有親人因無法見到先人最後一面而深感遺憾和自責。筆者作為一位從事哀傷輔導多年的社工，只希望透過寫下一些曾接觸的真實故事，提

註 1：資料來源：https://www.chp.gov.hk/tc/statistics/data/10/27/380.html

醒大家在一切復常之後，不要忘記有一批喪親家屬仍然深陷在悲傷之中，需要我們的持續關懷和幫助。

是我親自送他去死

國強的父親是一位患上長期病患多年、行動不便的長者。一直以來，國強由於工時長，再加上收入微薄，父親的照顧唯有交由同樣年邁的母親負責。直至有一次父親在家中不幸跌倒，當時母親沒有足夠力量扶起他，最終國強需要緊急趕回家幫忙才避免出現更嚴重的後果。自此以後，他們一家人都察覺將父親留在家中照顧甚為危險。經過家人的詳細考慮和商量，加上父親的同意下，決定安排他入住老人院。在正式入住院舍當日，國強一早便為父親打點好所有物品，並親自送父親前往入宿。過了一段時間，國強父親已適應了院舍生活，家人亦經常前往探訪。

2020 年初，本港開始爆發疫情，院舍是社區內其中一個最早封閉、全面禁止外人進入的地方，國強父親入住的院舍同樣因擔心長者受到感染而嚴格執行封院措施。家人面對這些安排，即使心裏着急，亦只有無奈接受。隨着疫情愈趨嚴重，本港多間老人院陸續出現感染個案，國強父親亦在此時患上新冠肺炎，並因情況嚴重而需要送往醫院接受治療。他入院後健康狀況持續惡劣，最終在兩星期後因病去世，期間家人完全沒有機會探訪或陪伴。

國強對父親離世一事感到非常自責和內疚，日常生活失去動力，甚至出現自殺念頭，幸好他在家人勸導下願意尋求哀傷輔導服務。國強是一位頗為健談的男士，除了詳盡分享父親由入住老人院前的生活至去世的經過，亦願意表達他的哀傷情緒。在整個面見過程中，筆者最深刻的是他多次説出「是我親自送父親去死」這句話。原來最令國強難以釋懷的，就是他乘的士送父親入住老人院的一幕。他在腦中不斷重複問，若果當時沒有送他入院，父親是否就不會染病去世？他認為自己是害死父親的兇手。

她的五官溶了

淑玲的母親是一位大約六十歲的家庭主婦，患有乳癌第三期，疫情發生之後，仍然需要定期到醫院接受化療及電療。當然每次進出醫院，病人及家屬都需要穿着全套防疫裝備防止感染。2022 年 3 月，淑玲母親的病情愈趨嚴重，身體變得更加虛弱，最終在 3 月中的某一天清晨，淑玲發現母親躺在牀上失去意識，即使大聲呼喚都毫無反應，於是打電話召救護員幫忙。由於當時是第五波疫情最嚴重的時候，救護車服務面對大量病人應接不暇，所以淑玲除了焦急地等待，毫無辦法。救護員到達後評估母親的情況十分危急，必須送往急症室進行搶救。經過一輪治療之後，淑玲母親恢復了意識，但需要留院接受觀察。

自從淑玲母親留醫後，便好像失去蹤影。首先醫院沒有人致電淑玲報告家人近況，當她嘗試致電醫院查詢時，亦久久沒人接聽，她只能再一次焦急地等待。過了五天，她終於收到第一次醫院來電，原來母親的狀況非常危急，恐怕短時間內去世。收到這消息，淑玲非常震驚和難過，立刻趕往醫院，希望能夠見母親最後一面。去到醫院後，病房醫護人員都知道淑玲母親的情況，再加上她並非新冠病人，獲特別批准家屬入病房見病人，但每次只准一位家屬進入，而時間僅有大約一分鐘。

淑玲的母親去世後，家人都了解需要等候醫院聯絡，才可領取文件辦理後事。一般來說，醫院會在兩至三個工作天內聯絡家屬。但奇怪的是，淑玲已經等了五天都沒收到醫院的電話。當淑玲致電醫院查詢時，對方回覆只有她母親離世的資料，卻沒有遺體存放地點的任何紀錄。與母親關係非常好的她，自從母親昏迷送院之後，心情已經忐忑不安，到後來母親去世，她實在非常傷心，但只是一直壓抑不讓情緒爆發。聽到這消息後，淑玲的情緒崩潰了，久久不能平復。之後她每天發狂似的聯絡醫院和殮房追尋母親遺體的下落，後來甚至報警希望警察提供協助，可是全部都無功而返。

過了兩星期，淑玲已經疲倦不堪，差不多快要倒下。在這時候她終於收到醫院的電話，表示母親遺體正存放在其中一個殮房外的貨櫃箱內，而當時這些貨櫃是用來當作臨時殮房。知道母親遺體的下落後，淑玲終於鬆一口氣，並着手安排後事。當一切看似回復順利之際，最差的事卻在淑玲一家認領遺體時發生。

在香港，一般的認領遺體程序是需要親友先看逝者容貌確認身分，然後核對掛在死者手上的姓名和身份證號碼紙條，當兩者都正確無誤才可取走遺體辦理後事。淑玲當日先在殮房辦好登記手續，等待數分鐘後就被職員召進一個細小的房間，那時母親的遺體已預先放在那裏等候辨認。淑玲那刻的情緒甚為激動，因為她曾經歷母親遺體不知所蹤的兩星期，於是她趨前，希望仔細看看母親的樣子。

就在淑玲看見母親容貌的那一刻，她差點當場暈倒，因為逝者的面部輪廓全部消失，五官變得模糊一片，甚至可以説是溶掉了。雖然這件事已經過了超過一年，淑玲仍然清楚記得母親在殮房當時的容貌。即使她極力強迫自己忘記這恐怖的畫面，卻徒勞無功，反而愈加頻繁地在腦中浮現。

她真的死了嗎？

麗英的母親因患上認知障礙症，已經入住安老院舍多年。在疫情爆發前，差不多隔天就去院舍探望和照顧母親。疫情爆發後，母親所住的院舍需要封閉和隔離，任何家人都不得進入。此院舍在初期都能夠守着沒有長者在院內感染，但隨着疫情愈來愈嚴重，終於出現第一宗個案，之後受感染的長者就以倍數增加，母親亦在這個時候受到感染。

麗英是接到院舍的電話通知才得悉母親患上新冠肺炎。即使她的心情非常焦急，可是院舍仍然處於隔離階段，所以她不能前往探望，只可繼續在家等候消息。過了數天，麗英再收到院舍電話，表示母親因氣促情況嚴重而需要送往醫院，接受進一步治療。同樣地因為醫院實施隔離措施，她仍然無法見母親一面。一星期後，麗英母親的健康持續危殆，最終離世，遺體隨即送到醫院殮房。認領遺體當日，由於逝者是死於傳染病，醫院不准許瞻仰遺容，整個殯葬儀式都在蓋棺的情況下進行。

麗英在母親去世後持續受到哀傷情緒困擾，於是在家人鼓勵下尋求輔導服務。在輔導室內，麗英表示對母親是否已經去世一事感到十分模糊。一方面她知道母親已經去世，甚至出殯程序都已完成，但另一方面，她由母親確診至出殯這段期間，完全沒有親眼見過母親，甚至在出殯當日，都只是對着一個已經蓋上的棺木。究竟母親當時是否真的在棺木內？有沒有可能她仍然在世，只是所有人都在欺騙麗英？麗英曾經一度懷疑母親是否真的死了。

疫情下的悲傷反應

外國有研究發現，如果因新冠肺炎去世，家屬普遍會有較高的哀傷程度[註2]和較嚴重的延長哀

註2：Eisma, M. C., & Tamminga, A.(2022). COVID-19, natural, and unnatural bereavement: comprehensive comparisons of loss circumstances and grief severity. *European Journal of Psychotraumatology, 13*（1）, 2062998-2062998. https://doi.org/10.1080/20008198.2022.2062998

傷障礙（Prolonged Grief Disorder）徵狀[註3]。另外，一位中國學者在內地進行研究，發現422位肺炎死者家屬中，分別有七成及六成半的受訪者表示有憂鬱及焦慮症狀，這研究亦指出接近一半人士有延長哀傷的症狀（Prolonged Grief），以及大約四分之一有創傷後遺症反應（Posttraumatic Stress）[註4]。

註3： Eisma, M. C., Tamminga, A., Smid, G. E., & Boelen, P. A.(2021). Acute grief after deaths due to COVID-19, natural causes and unnatural causes: An empirical comparison. *Journal of Affective Disorders, 278*, 54-56. https://doi.org/10.1016/j.jad.2020.09.049

註4： Tang, S., & Xiang, Z.(2021). Who suffered most after deaths due to COVID-19? Prevalence and correlates of prolonged grief disorder in COVID-19 related bereaved adults. *Globalization and Health, 17*(1), 19-19. https://doi.org/10.1186/s12992-021-00669-5

雖然這些研究都沒有描述非肺炎死者家屬在疫情期間的悲傷情況，但過去三年的封城和隔離等措施，已足夠令我們推測，不少非肺炎死者的家屬都好像國強、淑玲和麗英般，曾面對難以釋懷的喪親經歷，試問這些家屬要如何繼續生活下去？

永遠的悲傷

要知道如何面對悲傷，首先要了解喪親家屬需要多長時間才能回復親人離世前的狀態。已故的生死教育專家 Elizabeth Kubler-Ross 在她最後的著作 *On Grief and Grieving: Finding the Meaning of Grief Through the Five Stages of Loss* 中曾經留下這段説話：

「事實是你會永遠悲傷。失去所愛的痛無法

忘懷，但你將學會帶着這份痛苦活下去。你會復原，重建你的生活，再度找回完整的感覺，但你再也不是原來的你了。」

很多人誤以為只要努力填滿自己的生活、不斷尋求輔導幫助、又或時間久了，就可以釋懷，悲傷亦會永遠消失。可是，Elizabeth 以她數十年從事臨終關懷和哀傷輔導的經驗告訴大家，悲傷是會永遠存在，放下根本是不可能達成的目標。有不少喪親家屬認為，親人離世後除了面對死亡帶來的悲傷，原來有時候還要面對其他人給予的壓力和期望。

筆者曾經遇過一位親眼目睹女兒上吊自殺的母親，她表示女兒已經死去五年，卻仍然十分掛念。每當她提及女兒，身邊很多親友都會説「時間都過了這麼久，為什麼你還未能夠放下？」或

「已經過了這麼多年，是時候放下她了。」等類似回應。久而久之，這位母親開始懷疑自己是否患有嚴重情緒問題，所以尋求輔導服務。

筆者與她詳談之後，發現她有穩定的工作和社交生活，沒有傷害自己的念頭，與家人朋友的關係亦沒特別問題，只是間中獨自在家時會因想起女兒而流淚，每年女兒的生日和母親節都會分外傷感。當天筆者見到的不單是一位因失去女兒而哀傷的母親，同時是一位背負着身邊親友的沉重期望和壓力、不斷自我質疑的母親。

或許有些人在喪親後真的可以徹底釋懷，但仍未做到的人，請不用擔憂，因為你都是正常的。另外，不需要為自己定下一個忘懷時間表，相反你可以勇敢地跟自己說：「雖然我會一直悲傷，但我不怕，因為我可以帶着這份感覺好好地繼續生活下去。」

與悲傷共存

筆者在讀大學時，一位心理學教授在課堂上進行一項簡單實驗，目的是證明當人想盡力和積極地去忘記一件事或一個畫面，往往只會令該念頭愈加深刻和仔細。教授首先請所有學生不要想像一個檸檬。隔了數秒後，他請學生不要想像一個黃色的檸檬。再隔數秒後，他請學生不要想像一個黃色和表面凹凸不平的檸檬。最後，他請學生不要想像一個黃色、表面凹凸不平，而且內裏酸酸的檸檬。說完這四句說話後，教授問學生即時在腦海中出現了什麼畫面，當時大部分人（包括筆者在內）都表示腦袋被檸檬塞滿了。由上述的實驗結果可以發現，人的大腦十分奧妙，愈去強迫自己忘記或不去想一件事，往往只會帶來更大的反效果。對喪親者來説，愈想放下悲傷，或愈刻意迫自己忘記逝者，可能只會令自己不斷地在原地轉圈，更加難以前行。

既然悲傷是難以避開，不如嘗試轉變心態，積極地承認悲傷是生命的一部分，勇敢擁抱悲傷帶來的痛苦，並與它好好共存。或許有些喪親者會懼怕再次觸碰悲傷的回憶，因為實在太痛苦，而且擔心自己會因而失控。與悲傷共存確實需要一點點信心，而且會有少許痛楚和苦澀，如果你信心不足，又或未有充足心理準備，請不要勉強自己。請緊記，釋懷沒有時間表，與悲傷共存同樣沒有時間表。

擴闊生命

既然悲傷難以忘記或消除，那就將目標改為

減輕其影響力，而筆者建議的方法就是儘量接受生命中遇到的新機會和邀請，藉此擴闊生命的範圍。筆者在提供哀傷輔導時，最初的接觸必定是與對方建立信任、儘量了解事件發生的經過、以及評估案主的情緒和緊急需要。當個案進入較為穩定的中期階段，筆者就會鼓勵案主開放自己的生命，讓更多不同的可能進入。例如有朋友邀請他外出晚餐或旅行，請儘量出席；同事邀請他放工後一同參與興趣班或義工服務，都嘗試答允。要與悲傷共存，就嘗試避免將全部焦點放在失去親人的悲傷當中，相反鼓勵自己將部分精神和時間投放在新的機遇。有時候，並非悲傷變小，而是你的生命擴大，當回頭一看，縱使仍有眼淚，但一路走來獲得的歡樂和滿足都有不少，有笑有淚就已足夠。

結語

三年疫情令香港遭受極大的挑戰和困難，筆者亦在這段時期反思很多對哀傷輔導的觀念和介入手法。過去從事輔導時，我會致力尋找方法幫助案主放下悲傷。當一種介入方法沒有效果，就會嘗試另一種方法，因我認為帶着悲傷的人生是不好的。是國強、淑玲、麗英和很多疫情期間遇到的喪親家屬讓我成長，他們令我理解有些悲傷根本就無法釋懷，只能放在心裏永遠保存。有一位在疫情期間失去丈夫的女士表示自己無法放下悲傷，不知如何是好，當時我如此回答：「如果不能放下，就不要放下好了。不如考慮將他給你的愛和回憶留在心中，一直陪伴你繼續前行。」

梁梓敦
安寧服務社工
香港生死學協會會長

後記：疫情告別

我來到殮房的落地玻璃窗前外望，季節風過處，抖落了泥黃枯槁的樹葉，在地上不安的打滾。

醫院大樓前的空地，長滿樹木，青澀的嫩葉長了出來，企圖把苟延殘喘的枯葉急急換走，預告蕭瑟的冬天逐漸離去。樹根處的泥土上，堆疊了乾癟的落葉，用自己的軀殼，默默滋潤新生命。

生命一直在循環更替。

我多久沒在家屬等候區，坐看四時交替了？疫情期間殮房因接收新冠死者而被界定為高危地區，實施嚴格的防疫規定，管制出入，成為一處「人煙稀少」的地方。2023 年始，政府對新冠疫情的管控和處理邁向新階段，社會有序復常，殮房的服務才回歸正常。

於是，家屬再次獲安排探望死者、在小禮堂舉行「院出」儀式，醫科生和其他醫護來這裏學習體驗，殮房又回復了「生氣」。從這天起，甚至新冠死者也更改了身分——由第二類的「黃色標籤」，下調至低風險的「藍色標籤」，這「去黃標」措施讓遺體可隨意裝身、化妝、瞻仰和防腐，大大方便喪禮進行。

殮房再次成為家屬自由出入的地方。

我坐在家屬等候區，仿如隔世。疫情如夢，若不是臉上的口罩，像什麼也沒發生，而現在連實施近千日的口罩令也取消了。

當春回大地，生機重現，還有誰會記念瑟縮的冬天呢？往事不堪回首，事過境遷，只有不遠處的貨櫃，夕陽下映照昏黃，仍用它們龐大的身軀，見證發生的第五波浩劫。而它們，亦完成了歷史使命，將功成身退了。

貨櫃位於行人路旁的露天停車場裏，櫃底積聚凋零的落葉，像是走迷的生命，誤墮不應該的地方。

我想起存放殮房的遺體，他們有些也如飄零的葉子，本該回歸故鄉的塵土，卻因關口問題，擱在殮房，一等就年年月月。現在通關了，也該歸根了吧？

斜陽從落地玻璃窗灑進等候區，恬靜安詳，誰會想到這裏曾陰霾密佈？我想起 2022 年第五波疫情時，我的電話響起，是一位久沒聯絡的朋友。

「嘉薰醫生，你可不可以幫幫忙……他們不給我見媽媽……」傳來女兒哽咽而顫抖的聲音。

她告訴我，母親末期病患不適，住院快三星期了，女兒一直無法探望，醫護除了第一天告訴女兒母親昏迷外，一直沒再聯絡她。

這是疫情下很典型的病案。

她苦苦哀求病房，要求探病，換來一句：「現在疫情嚴峻，規定不准探病，除非病人快死了，我們才可以安排恩恤探訪。」

母親並沒有染上新冠，病房卻如守衛森嚴的牢獄，拒人千里。女兒無計可施，迫不得已找我，電話那邊她泣不成聲，我既心酸又難過。對於病房的安排，我無能為力。醫學院常教導我們，要有 compassion，學習 empathy，諷刺的是，在疫情年代做醫護，你卻要在「公共衛生」的高牆下，學習如何狠下心腸，鐵着心拒絕哀傷者的要求。

我和她同樣無助，於是建議她找病人聯絡主任，看看能否幫上忙，雖然我相信成功機會仍然渺茫——沒有人可以撼動高牆。

不久後女兒獲安排探望母親，但已是母親的最後一面……

* * *

一天早上，我排隊等專線小巴返醫院時，有人從我右邊箭步急趕，匆匆要從我面前闖過，像把橫向切割的剪刀，剪開排隊的彩帶。我本能地往後退。

「拍！」我感到背囊從後被重重的拍打，回頭一望，一名婆婆拄住拐杖，步履有點不穩的排在我後面。

原來由於閃避路人，我後退時「威脅」婆婆，正當我的身體快碰撞她致失去平衡前，婆婆用掌拍打我背囊，警示我小心，別再退了。

見她顫巍巍的站着，我慶幸沒撞倒她，忙賠不是，她露出微笑，仁慈的說：「不要緊！你的背囊輕又軟，撞到我大概還好。有些人的背囊，又大又硬又重，這副老骨頭撞上，隨時會散。老人家骨頭脆，唔跌得的了！」

「令你受驚，真不好意思。」我點頭抱歉。

「你上醫院返工嗎？」她問。我們的話匣子打開，她告訴我，早前在街市滑倒，髖骨折斷，住了好久醫院，今早上醫院抽血。

「好多人啊！」她伸長脖子張望。

「人雖多，幸好這時間，車的班次較密。」

「看來要等四輛呢！」

「你真好眼力！」我目測蜿蜒的人龍，誇婆婆的估算準確，就告訴她：「排十分鐘左右吧。」

我們排着隊，走走停停，她告訴我，由於兒孫都離開了香港，一個人在附近住，以前一直健康，很少上醫院。

「你跌親，不用人照顧嗎？」

「現在還可以，將來就不知道了。這副老骨頭，點話得埋？但個仔個孫有他們的世界和將來，難道要為我這老頭不走嗎？怎可能呢？」酸溜溜的語氣，夾雜愛、唏噓和無奈。

她像遇上傾訴的對象，跟我侃侃而談，平日該很孤單吧？竟把我剛才的冒失忘掉了。

我端詳婆婆，她身材矮小，佝僂着撐持拐杖，腰背向側彎曲，走來步履蹣跚。我心裏再次為我的莽撞歉疚。如此瘦弱，我再後退一步的話，她如何抵禦這強大而魯莽的撞擊力量呢？

殮房落地玻璃窗外，幾片葉子，流落在行人路上，無力的被風打轉。喪親者也如枯葉般，任由疫情擺佈。殮房為了閃避突如其來的疫病，重重的防疫措施如我般橫蠻粗野，把喪親者的需要推到一邊，是狠心又無奈的舉措，而折騰最深的自然是喪親者。

2022 年，香港共錄得 9,291 宗新冠病毒的死亡個案，總死亡人數為 63,692 人，也是説約 6 萬 3 千多個家庭在疫情下喪失至親，他們在疫情肆虐下，經驗了多少悲哀，留下多少遺憾？作為管理殮房的醫生，疫情期間我不時要硬下心腸，斷然拒絕遺屬的種種要求，令許多人的哀傷無從宣洩紓緩；當我靜下來時，心裏不無自責，問自己是否太冷酷了？對於人的苦，怎麼像若無其事甚至裝胸作勢的表示「為保護公共健康」？喪親者是脆弱的一羣，凋零如葉隨風打轉，沉默的承受着所有管控。他們在哀悼中，如何哭訴自己的需要？如何用顫抖的柔弱力量，拍打又大又硬的高牆去爭取要求？當我們強勢推行措施時，如何平衡風險，在風險可控下關顧這弱小的一羣？

夕陽西下，我佇足看殮房「留言閣」上的説話，疫情下仍有不少喪親者表達心聲，有思念故人，有不捨之情，有遙送祝福，也有感激殮房員工對遺體的照顧。

等候區放了一束白花，獻給亡者也慰問生者，祈願生死兩安。現在疫情過去，這地方再次屬於喪親者，讓他們哭，讓他們哀悼失去的親友。

天開始昏暗，黑暗過後，明天又是新的一天。回頭望，2019 年到 2023 年，新冠病毒從出現到肆虐，最終風土化，香港逐步「復常」，這四年香港同時經歷社會變遷，疫情在大氣候的風雨飄搖中，人的情緒變得複雜，憤怒、失落、悲哀、遺憾、不解、無奈……千絲萬縷般糾結，不易梳理。當疫情過去，人人以為一切復常了，人與人、國與國的關係，又如何「復常」？撕裂的傷口，有沒有復原的一天呢？

謹以此書總結疫情下的死別事。感謝陪我走過這段路的親人友伴，他們的燈一直溫暖着我。書中分享的故事告訴我，仍有一種力量，讓我們有信心迎接下趟疫情，甚至其他更大的挑戰。

誠然，心中有愛，就有光和希望，就能成就許多事。